Harald Selke

Knieperdamm 8
Erinnerungen

Harald Selke

Knieperdamm 8

Erinnerungen

Rediroma-Verlag

Bibliografische Information der Deutschen Nationalbibliothek:
Die Deutsche Nationalbibliothek verzeichnet diese Publikation in der Deutschen Nationalbibliografie; detaillierte bibliografische Daten sind im Internet über http://portal.dnb.de abrufbar.

ISBN 978-3-98885-503-9

www.rediroma-verlag.de
11,95 Euro (D)

Inhalt

Prolog

Sebastian und Daniel, meine Söhne, sagen: „Noch bist du da.“ Mit diesen Worten beginnt auch eins von über dreitausend Gedichten, welche die nach New York ausgewanderte Bankangestellte und Journalistin Rose Ausländer „unter dem lieblosen Herzschlag der Uhren“ geschaffen und dabei ihre Wurzeln nie vergessen hat: „Noch darfst du lieben …Worte verschenken…sei, was du bist. Gib, was du hast.“ Ich habe Worte. Ich habe Erinnerungen. Unter vielen auch an eine Unterhaltungssendung im Radio, die ich nach der wiedergewonnenen deutschen Einheit zwanzig Jahre lang mit meinem besten Freund jeden Donnerstagabend immer für drei Stunden präsentierten durfte. Die Idee, das Konzept und der Titel der Sendung waren in nicht mal einer Stunde erzwungener Bedenkzeit in der Kantine des Sächsischen Landtags geboren, wo in einem Nebentrakt aus dem damaligen Sachsenradio in Dresden wieder eine Säule des Mitteldeutschen Rundfunks entstand: „U(h)rsprünge“. Wir wollten einerseits unsere berufliche Existenz retten und andererseits bis zu den Wurzeln aller Dinge und Erscheinungen, Ereignisse, Erfindungen und Persönlichkeiten vordringen. Und dabei interessierte uns die Frage: Was war wann zum ersten Mal? So sprangen wir mit unseren Hörerinnen und Hörern dokumentarisch und zugleich spielerisch durch Raum und Zeit. Historisches wurde unterhaltsam im Detail und seinen Zusammenhängen gegenwärtig und lebendig. Wir begriffen – noch an Jahren jung –, was wir zu wissen glaubten. Jeder einzelne Mensch ist eine eigene Geschichte, die zu unserer gemeinsamen Geschichte wird und dabei bisherige Geschichte verstehen und neue Geschichten entstehen lässt.

Auch meine U(h)rsprünge, die zunächst nichts mit einer Radiosendung zu tun haben und die ich jetzt in die Gegenwart zurückhole. Und da sehe ich meine streitlustige und doch so gütige Oma Engelmann; zwei Ehemänner und einen Sohn hat sie verloren. Ihren Ältesten, meinen Vater Günter, und die erheblich jüngeren Geschwister aus zweiter Ehe, Waltraud und Dieter, beschützt sie im zweiten Weltkrieg, versorgt und bewahrt sie in der Nachkriegszeit östlich der Elbe – in Schwerin. Ich denke an meine sanfte Oma Anna und meinen lebensfreudigen Opa Ernst, die Anfang der Vierziger-Jahre von Königsberg nach Stralsund kommen, wo ihre Kinder – meine Tante Elfriede, Onkel Erich, Onkel Bruno und meine Mutter Edeltraud – eine neue Heimat finden: am Knieperdamm. Aus den Erinnerungen meiner Großeltern und Eltern, aus Momenten, die ich selbst so erlebt habe, dass sie mir unvergessen bleiben, entstehen in mir Bilder, keinesfalls spektakulär und doch so wahrhaftig, dass ich sie einfach festhalten möchte.

Und eigentlich sind sie auch ohne die berühmte Brille manchmal rosafarben, nicht nur dunkel- oder hellgrau – sondern tatsächlich eher bunt. Es sind die glücklichen Augenblicke wie die unglücklichen, und oft ist es das Glück im Unglück, welches unser und somit auch mein Leben begleitet, voranbringt und prägt. Schon in jener frühen Zeit, da an Wehrdienst und Studium, bescheidene Schritte auf einer ebenso bescheidenen Theaterbühne, an die Gründung einer Familie und über 40 Jahre Arbeit an Rundfunkstationen in der DDR und später im geeinten Deutschland nicht zu denken war. All das Etappen, die ich – wie mir mehr und mehr bewusstwird – erleben musste und durfte, verbunden mit einer manchmal unglaublichen Fülle schmerzhafter Verstrickungen und zugleich wundersamer Lösungen, für die ich jeden Tag dankbar bleibe. Und so blicke ich auf die ersten beiden Jahrzehnte und die Wurzeln meines Lebens, in dem ich ein Kind sein und bis heute tief in mir bleiben durfte. Noch bin ich da.

Kapitel 1: Stralsund – in der Mitte der Sechziger-Jahre

Ich sitze im ersten Stock vor dem weit geöffneten Fenster unseres Schlafzimmers am Knieperdamm. Meistens liegt ein Kissen auf dem Sims. Meine Mama stützt oft nachmittags den zarten Oberkörper mit verschränkten Unterarmen in die weiche Unterlage und schaut dann hinunter. Manchmal schleiche ich mich auf allen Vieren an, Hände und Knie auf dem Teppich, ohne dass mich jemand von unten am Fenster erblicken kann, und rufe durchdringend schrill und weithin hörbar „Huhu!" Meine Mutter erschrickt und ist peinlich berührt, wenn Leute dann hochschauen und ihr verlegen „Guten Tag" wünschen. Wer weiß,was sie in diesem Moment von ihr denken mögen. Tut mir leid Mama, aber komisch ist es doch. Für mich, den niemand sehen kann. Und später für dich auch, wenn wir davon erzählen. Denn du bist für mich der erste Mensch, der mir das Phänomen des Lachens mit seinen feinsten Schattierungen zwischen Herzlichkeit und Sarkasmus vorlebt, es tief in mir hinterlässt und mir damit meinen Weg durchs Leben hell und erträglich macht.

Hohe Doppelfensterflügel sind es, achtmal Glas in rissiges Holz gekittet. Mühsam zu putzen mit Wasser und Zeitungspapier. Oben je zwei kleine, unten je zwei große Scheiben auf beiden Seiten.

Mit schweren leicht verzogenen Metallriegeln über einst kunstvoll gedrechselten Holzrahmen, deren weißgraue Lackfarbe auf mehreren Schichten inzwischen spröde trocken abblättert, wenn die Kinderhand spielend zerstörerisch etwas nachhilft. Beim mühevollen Öffnen und Schließen klemmt und quietscht das jahrzehntelang von Kälte und Hitze gequälte Holz. Der graue, feinkörnige überstehende Sims an der Außenwand bröckelt. Ein Stück ausgebrochener Putz hinterlässt ein klaffendes Loch, das einem Schlüsselloch ähnlich vom ersten Stockwerk aus den Blick zunächst auf durchscheinendes rotes Mauerwerk und dann auf die Straße unter mir lenkt. Linksseitig die wenigen steinigen Stufen zur schweren, beim Öffnen singenden Haustür, die mit ihren Metallstabverzierungen vor grau verschmutzten Glasscheiben kurz abbremst, ehe sie sich mit einem ächzenden Paukenschlag schließt und im grüngekachelten Hausflur einen matten Nachhall hinterlässt. Daneben die stinkend dampfenden zylinderförmigen Mülltonnen aus dem Stahlwerk Thale. Sie schlucken im Winter teils erkaltete, teils noch glühende Asche aus den Kachelöfen des zweistöckigen Bürgerhauses ebenso wie zu jeder Zeit Küchenabfälle und Alltagsmüll. Der Geruch frischer Asche erinnert an den zartbraungelben Dunst der nahen Kaffeerösterei „Kermi“ am Strelasund und weckt Vorfreude auf den Sommer am Ostseestrand. Zur Rechten der schmale verwilderte Vorgarten, der die glasverdreckten Keller-Schlitzfenster verbirgt, hinter denen zerbröselte Kohle- und verkeimte Kartoffelberge lagern.

Auf dem Fußweg widerspiegeln Pfützen mal Stille, mal Lebendigkeit der vertrauten Umgebung – nur manchmal verdeckt von breiten nassen Schirmen, die sich mal tanzend, mal schreitend begegnen, oft innehalten und dann jeweils in entgegengesetzter Richtung weitereilen. Darunter vielleicht originell plaudernd die Bruhns, denen das herrschaftliche Haus Nummer 10 gehört. Er Architekt, sie Mutter dreier quicklebendiger Söhne, die in der „Villa Bruhn" an Turnringen, welche in der Zimmerdecke der riesigen Wohnung verankert sind, Klimmzüge trainieren und sich selbst überschlagend Kunststückchen vollführen. Bruhns sind schillernde, bewunderte Leute und werden gerade deshalb beneidet. Schräg rechts über ihnen wohnt Babbe, der heimtückische Parteisekretär der Essig- und Konservenfabrik. Für ihn sind die fröhlichen Nachbarn bürgerliche Parasiten einer überwundenen Zeit. Er spielt ihnen übel mit, als Bruhns Jungs vergeblich versuchen, die Grenzen des Arbeiter-und-Bauern-Staats schwimmend in Richtung Dänemark zu durchbrechen. Am 8. Mai, dem „Tag der Befreiung", klingelt Parteiaktivist Babbe bei Mitbewohnern, die es bewusst versäumt haben, seit dem 1. Mai dankbar die DDR-Fahne aus dem

Fenster zu hängen. „Habt ihr die Motten?“, fragt er dann auch die Treptows, den Anwalt mit seiner schönen Frau und der noch hübscheren blonden Tochter. Mit Gisela im Winter die kurzen vereisten Hügel von der Aufschüttung am Knieperdamm hinab in die Brunnenaue zu schlittern, ist erregend. Ihr bei hochsommerlichen Temperaturen im nahen Strandbad zu begegnen ebenso. Wenn sie unvergleichlich zu lispeln beginnt, ahne ich, was Engelszungen auslösen und streichle in Gedanken ihre makellose gebräunte Haut vom Hals abwärts bis ins rätselhafte Unendliche.

Es könnten da unten aber auch die Neidhardts sein, der immer Zigarre rauchende fettleibig humpelnde Schneider mit dem verschlagenen Blick aus verquollen versoffenen Augen, der Gattin und Tochter verprügeln soll. Frau Hahn, geschiedene Westphal, aus Nummer 9 hat keinen Schirm – ihre 6 Kinder aus zwei Ehen passen sowieso nicht drunter. Der Buckel von Jürgen, den wir alle „Mister“ nennen, würde hervorschauen. So naiv und ohne Häme stelle ich es mir vor. Als Baby soll das arme Kind vom Wickeltisch gefallen sein. Seine Mama beschwert sich regelmäßig, wenn ihr Jürgen ob seiner Behinderung ausgelacht wird. Sie bildet sich das als ihre Wahrheit ein. Wir aber mögen Mister. Auch Peter Dräger, der Riese, der ihn „Dubuckliges-Aas“ nennt, wenn ein wohl gezielter Ball nicht trifft, weil unser Mister ihn hält.

Mehr Hochachtung geht nicht. Das weiß Mister, wenn sich sein weiches freundliches Gesicht durchgehend zu einem Lächeln verwandelt. Mister steht im Fußballtor, wenn wir uns nachmittags und an den Wochenenden in der Brunnenaue treffen. Und er beweist sich als sicherer Torwart zwischen dem alten Wendebaum auf der glatten Laufbahn des alten Sportplatzes und einem Baumstumpf, der ehrfürchtig die Form seines spitzrunden Buckels angenommen hat. In späten Jahren sitzt der kleine Mann rauchend vor seinem halbvollen Glas Bier an einem Kneipentisch im Gasthaus „Zur Quelle" auf seinem Stammplatz und besiegt jeden Gegner beim Skat.

Misters jüngerer Bruder Wolfgang – von uns „Boy" genannt – ist ein blondgelockter dribbelstarker Stürmer, den jeder gern in seine Mannschaft wählt. Bald spielt der talentierte sensible Junge in der zweiten DDR-Liga, muss trainieren und hat für unsere Treffen keine Zeit mehr. Erschütternd, dass er als erwachsener Mann freiwillig aus dem Leben geht.

Liebeskummer und Schulden. So sagt man.

Inzwischen eilen Kuglers unter ihrem Knirps in Richtung Nummer 10. Bescheidene sympathische Menschen. Vater Kugler trägt die dunkelblaue Uniform der Reichsbahn. Sie arbeitet als Verkäuferin. Ihr Gesicht scheint von ständigem Entsetzen gezeichnet. Die markanten Augenbrauen verharren schwungvoll mit einem Farbstift hochgezogen knapp unter dem lockigen Haaransatz. Es ist eine gelungene Adaption des Munk'schen Schreis hinein in die scheinbar belanglose Stralsunder Realität. Vielleicht deshalb, weil es für sie als Fachkraft ja kaum etwas zu verkaufen gibt und die berühmten drei Worte „Haben wir nicht!“ an der Spitze des bescheidenen Vokabulars von Konsum und HO stehen. Dabei ist sie dafür gar nicht verantwortlich. Vielleicht und schmerzlich wirklich, weil sie sich Sorgen um die Zukunft macht. Kuglers Tochter Christel wird der Weg auf die Erweiterte Oberschule versperrt, weil sie Christenlehre-Nachmittage und die Konfirmandenstunden besucht. Klassenlehrer Strauß, der Physik und Sport unterrichtet, verzeiht ihr nicht, dass die Christen einst Giordano Bruno verbrannt haben. Christel kann persönlich nichts dafür, aber zum Abitur wird sie es dennoch nicht bringen.

Ich sehe sein triumphierendes Grinsen, das die weit auseinanderstehenden Vorderzähne auf die wulstige Unterlippe treten lässt, als er dem bescheidenen Mädchen seine folgenreiche Entscheidung gnadenlos und fast nebenbei während eines Schulsportfestes mitteilt. So also sieht ein Sieger über die Pfaffen aus. Vielleicht machen solche Entscheidungen hässlich? Oder sah der Strauß, der noch nicht den Kopf in den Sand stecken muss, wenn er zur Verantwortung gezogen wird, schon immer so aus? Ich stehe gesenkten Hauptes zufällig und stumm daneben und spüre Christels Tränen, spüre erstmals meine Feigheit und vermeide es, die überraschende Entscheidung meiner Klassenlehrerin dagegenzuhalten. Die Deutsch- und Russischlehrerin hat im Klassenbuch ordnungsgemäß die Namen angehender Konfirmanden mit einem Kreuz gekennzeichnet, doch alle elf Unentwegten treffen sich auf der weiterführenden Schule wieder. Dabei liefert Frau Koß uns schon mit dem April 1961 ein schlagendes Argument für die Nichtexistenz Gottes und spricht mich beschwörend an: „Juri Gagarin war ganz oben und hat diesen himmlischen Vater bei seiner Erdumrundung nicht gesehen!“ Und anschließend müssen wir mit verteilten Rollen von Jesu Auferstehung berichten, denn der Rest der Klasse soll etwas zu lachen haben. Die Heiterkeit hält sich in Grenzen, denn die Jungen und Mädchen dieser Klasse mögen sich. Und Frau Koß überspringt einen ideologischen Schatten, eine Überwindung, die mich schon früh den Respekt vor scheinbaren Gegnern lehrt. In den Hofpausen schreit sie sich puterrot im Gesicht die Seele aus dem Leib, weil sie im Schulflur Disziplin verlangt und so ihr inneres Gleichgewicht scheinbar wieder herstellt, bevor sie nach dem Dienst langsam und weinend zu ihrem schwer magenkrebskranken Mann in die Karl-Krull-Straße nach Hause geht. In Gedanken nehme ich unsere im tiefsten Innern tolerante Glaubensgegnerin, die ihre Schülerinnen und Schüler liebt, in den Arm und bewundere ihren Mut, Andersdenkenden die Zukunft zu ermöglichen, wohlahnend, welche Konsequenzen sie dabei selbst bedrohen.

Inmitten der bepflanzten, leicht erhöhten Begrenzung zur Fahrbahn des Knieperdamms wurzelt vor unserem Haus ein mächtiger Kastanienbaum. In seinem Stamm ein kleines Loch auf Augenhöhe mit der Fensterfront im ersten Stockwerk.

Hier hinein fliegt Frühling für Frühling ein Starenpärchen. Auf der Fahrbahn ist kaum Verkehr. Mal ein Pferdefuhrwerk mit flinken wippenden Gummireifen oder langsamen metallbeschlagenen Speichenrädern, mal ein Auto stadtauswärts – ich merke mir die Nummer AE 13-20 und werde mich freuen, wenn es wieder an mir vorbeifährt.

Auf der anderen Straßenseite das Geschäft von Kaufmann Geetz, ein Friseurladen und Bäcker Gager. Friedrich Geetz hat Mama zur kaufmännischen Angestellten ausgebildet. Bei Bäcker Gager verkauft sie später Brötchen und Kuchen. Oder sie trägt die von Oma und Tante Friede gebackenen Streuselkuchen – bedeckt mit blau-weiß karierten Geschirrtüchern – zum alten Gager. Dessen Sohn Hubert schiebt sie für uns in den Backofen und verliebt sich fast unbemerkt in meine Cousine Marianne, die fortan die Bleche rüber trägt. Manchmal gibt sie auch nur unsere gute Butter und dazu den Kakao von Onkel Bruno aus dem Westen ab. Das geschieht vor Geburtstagen. Der Bäcker zaubert dann aus den Zutaten eine seither nie wieder erlebte Schokoladen-Buttercremetorte, die am dicken Ende pro Stück einen Marmeladenklecks aufs weiße Butterpünktchen erhält. Neben dem Bäckerladen spannt sich ein weiter Torbogen über die Ein- und Ausfahrt auf den weitläufigen Gewerbehof voller Schuppen und Verschläge.

In der linken spärlich verputzten Mauer befinden sich zwei kleine Backstubenfenster, aus denen die Bäckergesellen uns Kindern Kuchenränder reichen. Sind wir nicht da, fallen die Reste direkt in eine schmale ehemalige Munitionskiste, auf deren Deckel wir bei erwartungsfroher Anwesenheit knusprige Zuckerkuchenstäbe verzehren. Zur Rechten der Ausfahrt befindet sich die kunstvoll gestaltete Fassade der Post im nachempfundenen roten Backsteinbarock.

Im Haus rechts daneben lebt im Erdgeschoss Familie Ritter – für uns der Inbegriff von Armut und Verwahrlosung in jener Zeit. Vater Ritter trottelt in der Regel mit seinen unglaublich weiten Hosen betrunken durch die Gegend, die Schiebermütze leicht in den Nacken geschoben, sodass die schmale feuchte Stirn über den entrückt glasig grinsenden Augen sichtbar wird. Mutter Ritter hält die siebenköpfige Familie mit Näharbeiten über Wasser und den Gatten unter Alkohol.

Ihr zweitältester Sohn Dieter wird nach der Einschulung 1958 mein Banknachbar. Als er sich mit bedächtigen Bewegungen in die sperrige Holzbank mit den Fußstützen und den Einkerbungen für Griffel und Tintenfass zwängt, sage ich: „Dann wollen wir mal…“ Es dauert – dann nickt Dieter kaum merklich.

Kapitel 2: Herbst 1959 – ein Stein, ein Wurf, ein Treffer

Ab der zweiten Klasse singen wir zu Beginn des Unterrichts am frühen Morgen Lieder, die wir uns wünschen dürfen.

Unangefochten auf Platz eins der Wunschliste bringt es im Laufe fortschreitender Bildung: „Jetzt fahr‘n wir übern See“. Wir wissen, der Refrain hat eine Tücke. Denn beim erstmaligen Singen aller Strophen wird das letzte Wort weggelassen… „Jetzt fahr‘n wir übern See, übern See, jetzt fahr’n wir übern… Pause. Nur Dieter singt viel zu tief, sehr laut und grundsätzlich weiter: „See.“

Die Klasse lacht sich regelmäßig kaputt. Dieter wird gleich nach der ersten Strophe des weiteren Gesangs wettbewerbsgerecht ausgeschlossen und an die Tafel nach vorn beordert. Da bleibt er bis zum Ende des Liedes stehen, meistens allein.

Auf dem Pausen-Schulhof treffe ich den Brillenträger wenig später mit einem Stein an der Stirn knapp über dem rechten Auge. Zornig auf den affenartigen Rainer, der mir von hinten in die Beine tritt und lachend davonläuft. Ich bücke mich, greife in den schmutzig-sandigen Boden und werfe…

Ich sehe, wie der Affe unversehrt im Gewimmel verschwindet und wie Dieter fällt, höre ihn wimmern, eile zu ihm… niemand weiß, außer mir, was in nur vielleicht einer Sekunde geschehen ist. Ich helfe ihm auf die Beine und bringe den blutenden Banknachbarn zum Lehrerzimmer des alten Schulhauses im Hainholz. Hier ruft eine mittelgroße Glocke, die mit einem Tau in Bewegung gesetzt wird, unter dem Dach des Eingangsflurs zu Stundenbeginn, Pausenzeiten und zum Ende des Unterrichts. So stört sie regelmäßig die Ruhe der Toten auf dem Friedhof St. Jürgen, dessen Gelände knapp 10 Meter vom Schultor entfernt beginnt.

Im Lehrerzimmer duftet es nach Zigarettenqualm und alten Frauen. Dieter blutet aus einem klaffenden Loch in der Stirn. Mein Herz krampft sich zusammen, er tut mir unendlich leid und ich erzähle, was vorgefallen ist. Die Lehrerinnen schauen ernst, aber sie bleiben ruhig. Sie scheinen überrascht und staunen, vor allem aber glauben sie mir, dass ich Dieter nicht treffen wollte, doch sie tadeln mich, weil ich zweifelsohne die Absicht hatte, einen anderen mit dem Steinwurf zu bestrafen. Das darf man auch nicht. Dann bedanken sie sich, dass ich nicht gezögert habe, Dieter zu helfen und meine Schuld einzugestehen. Inzwischen trägt Dieter einen dicken Verband quer über seinem blassen Gesicht. Die Brille hält er in der zitternden Hand. Ich begleite ihn nach Hause. Ich rede auf ihn ein, bitte ihn, um alles in der Welt nicht zu erzählen, dass ich es war, der ihn verletzt hat.

„Sag deiner Mutter, du bist gefallen oder du hast dich gestoßen oder… lass dir was einfallen…“, höre ich mich sprechen, obwohl ich weiß, Dieter ist noch nie etwas eingefallen. Ich habe Angst und glaube für einen Moment tatsächlich, dass mein Vergehen nicht herauskommt. Ich überschätze Dieter, ich unterschätze seine Mutter, obwohl ich ihm meine noch tiefere Freundschaft und einen großen Teil meines Spielzeuges verspreche. Wenig später steht Frau Ritter in unserem Flur. Ich versinke vor Scham, meine Mutter hält stand und bittet die arme Nachbarin um Vergebung.

Schnell sind ein paar Kleidungsstücke gefunden, die Frau Ritter kürzen oder flicken könnte, ein angebrochenes Fläschchen „Nonplusultra"-Weinbrandverschnitt für den Gatten wird flink fest verschraubt… Mama und ich gucken uns an, weil wir wissen, es hilft nicht… Die Schule wird sich melden, die Straftat sich auf dem Knieperdamm herumsprechen, der Papa wird es auch erfahren, wenn er nachts nach der Vorstellung und dem obligatorischen Kantinenbesuch nach Hause kommt.

Und in diesen frühen Jahren seiner Vaterschaft ist er wohl unfassbar gütig, wenn alles problemlos läuft, jedoch gnadenlos, wenn die scheinbar weiße Familienweste beschmutzt wird, jetzt mit Dieter Ritters Blut. Ich schlafe unruhig ein, den sorgenvollen Blick meiner Mutter vor Augen.

Dann werde ich mit geschlossenen Augen wach, spüre das Licht aus der Nachttischlampe am elterlichen Bett, höre die jetzt bedrohliche Stimme des

Vaters, die beschwichtigenden Einlenkungsversuche meiner Mutter, die den Papa lauter werden und an mein Bett kommen lassen.

Er spürt, dass der Steinewerfer wach ist in der Nacht, ich öffne die Augen, und mit den Worten „Mein Sohn ist ein Rüpel!“ packt er mich mit der Linken am rechten Arm, zerrt mich mit einem Ruck aus dem warmen Bett und schlägt die flache rechte Hand in mein Gesicht.

Ich will fliehen, doch er hält mich, ich renne fest verankert um seine Achse, er dreht sich mit und trifft mich… Und dabei habe ich Papa so lieb. Er tut alles für mich, er hat sogar die Reihe Achten im Rechenheft mit mir geübt… Warum lässt er mich nicht erklären, was heute geschehen ist, dass ich sogar gelobt wurde, weil ich mich nach der frevelhaften Tat nicht feige versteckt und die ganze Schuld ohne zu zögern auf mich genommen habe? Das Gesicht brennt, Rücken, Po und Beine schmerzen… Ich verfluche Dieter, den Verräter, und merke sehr schnell, dass das dumm ist… Ich laufe nicht mehr weg, die Tracht Prügel in der Nacht ist verdient…

Aus mehreren Mündern höre ich die entsetzten Rufe seines Namens: „Günter!!“ Oma und Opa sind aus dem nur durch eine Schiebetür getrennten Nachbarzimmer gekommen, Tante Friede und Onkel Hubert aus dem hinteren rechten Flügel der großen Bürgerwohnung, und auch Herr und Frau

Margies sind aus dem linken Flügel herbeigeeilt, um das zarte Kind zu retten… Oh, Papa, das ist mir so unendlich peinlich! Ich bin es doch, der dich vor deinem Gang zur Arbeit immer fragt: „Hast du deine Uhr und deine Schlüssel?“ Nur einmal habe ich es vergessen, habe mir ein Jackett von dir über mein Nachthemd gezogen und bin dir barfuß durch den Schnee nachgelaufen über den Knieperdamm hinweg zur Straßenbahnhaltestelle vor Geetz, Friseur und Bäcker Gager. Da hast du mich vor allen Wartenden so sanft auf den Arm genommen und zurück ins Bett gebracht.

Und die Uhr und die Schlüssel hattest du sowieso dabei. Ja, Papa, wir haben uns lieb. Und ich mag es nicht, wenn nun die Familie entsetzt über Dich herfällt, weil du von mir zu Recht enttäuscht bist.

Tante Friede ist entsetzt: „Guckt euch das an! Alle fünf Finger sind auf seinem Gesicht zu sehen!!“ Mama weint. Papa verlässt die Wohnung und geht zurück in die Theaterkantine. Mir tut alles weh. Dieter Ritter schläft. Gott sei Dank hat der Stein nicht sein Auge getroffen.

Kapitel 3 Ein Sänger nach dem Zweiten Weltkrieg in der Ostzone

Nach einigen Wochen und Monaten der Waffenruhe auf den Kriegsschauplätzen Europas dümpelt und rappelt der Osten Deutschlands vor sich hin. Die Freundschaft der sowjetischen Besatzer ist nicht zuletzt durch massive Reparationsforderungen erdrückend. Dem zwischen Elbe und Oder befreiten Volk fehlt es an allem.

Die moskautreue Regierung in Ostberlin will mit Macht das sozialistische System auch gegen den mehrheitlichen Willen der Bewohner in den zerbombten Städten und auf dem Lande durchbringen. Noch sind die Grenzen des in Zonen aufgeteilten Landes durchlässig und dennoch spürbar. Die Russen sprechen als Siegermacht von der möglichen Einheit Deutschlands – unter stalinistischen Bedingungen. Der Westen lässt sich auf diese Alternative nicht ein und fördert ein bürgerlich-demokratisches Deutschland mit massiver Wirtschaftshilfe. Die Konfrontation lebt in den beängstigenden Ausmaßen einer entstehenden nuklearen Bedrohung.

Die Menschen müssen sich neu orientieren. Die kürzlich noch flache ausgestreckt grüßende Hand zum Führer ballt sich zur Ulbricht-Faust, eine Diktatur löst die andere in den Trümmern von Häusern, Köpfen und Seelen ab.

Doch das Alltagsgrau wird gleichermaßen millionenfach ausgeblendet durch grenzenlosen Optimismus bis in die kleinsten Winkel eines neuen ausgegrenzten Landes. Die einst so mächtige Hansestadt Stralsund – leidvoll entstellt durch furchtbaren Bombenhagel an einem Oktobertag – hat überlebt. Ein grauweißer Theaterbau außerhalb des historischen Stadtkerns, unweit der kraftvollen Festungsmauer, die Jahrhunderte zuvor dem Feldherrn Wallenstein zum Verhängnis wurde, zieht die Blicke auf sich und ein begeistertes Publikum in sich hinein. Von hier aus gehen ehrgeizige Künstler ihren Weg in den Ruhm.

Davon träumt auch Günter, ein junger Sänger, der zwei Väter verlor. Den einen vor dem Krieg. Der erstickt als Brunnenbauer in der Tiefe eines Erdlochs an ausströmenden Gasen – wie man erzählt. Mutters zweiter Ehemann, ein glühender Nazi, verbrennt in Stalingrad.

Nur acht Kilometer entfernt von ihm fällt in diesem Kessel an der Wolga, frisch mit dem Eisernen Kreuz dekoriert, Günters älterer Bruder Heinz, der es als Fallschirmjäger zum Helden von Kreta gebracht hat. Die Ostfront kennt keinen Respekt vor Helden. Das hat sie mit Elisabeth gemein.

Lieschen, wie man sie nennt und dabei das inlautende „SCH“ als „SCH“ vollmundig zusammenzischt, versucht als potenzielle Heldenmutter, die sie nicht sein will, ihrem Ältesten mit Teppichklopfer und Schrubberstiel den Fanatismus aus dem gestählten Körper heraus zu prügeln und erreicht doch nur das Gegenteil. Heinz will kämpfen – für den Endsieg, für Lieschen, für die Geschwister. In der kleinen Zeitungsnotiz kurz vor dem Weihnachtsfest 1942 steht schwarzumrandet „Für Führer, Volk und Vaterland". Der Postangestellten Lieschen bleiben nicht Führer, Volk und Vaterland, sondern Günter, Waltraud und der kleine Dieter.

Günter übernimmt mit 18 die Vaterfunktion, löst sich nach dem Tod des Bruders schwermütig von dem Gedanken einer strahlenden Karriere bei der Waffen-SS und besucht mit wachsendem Interesse die Vorstellungen des Schweriner Staatstheaters.

Oper und Operette begeistern ihn. Menschen füllen auf der Bühne Rollen aus und singen dabei – und das Schöne: auch wenn sie in manchem Stück zu Tode kommen, singen sie, bereits am Boden liegend, weiter, legen nach dem grausamen Ende Maske und Kostüm in der Garderobe ab und überleben jede Aufführung. Das gefällt Günter. Das will er und das kann er auch.

Der Junge hat eine markante Singstimme und langes pechschwarzes Haar. Ein Aufstieg bei der Waffen-SS wäre schon rein äußerlich für den hübschen Kerl nicht einfach gewesen. Und so versucht er sich mit dem Ende des Krieges in den Wirren der abenteuerlichen Zeit zu orientieren. Schnell begreift er auch die Gesetze der Schwarz-Marktwirtschaft, knüpft Beziehungen, verkauft und tauscht alles, was man in dieser Zeit zum Überleben braucht. Er kümmert sich um die Geschwister und seine Mutter. Als die Russen an Dieterchens zehntem Geburtstag, am 1. Juli 1945, in Schwerin die amerikanischen Besatzer ablösen, erkennt Günter schnell, dass die einst als Untermenschen und Barbaren dämonisierten Sieger wohl bedrohlich sind, aber in ihrer Führung auch Kunstliebhaber besitzen. Er bewirbt sich am Schweriner Konservatorium und klebt ein Schild an Lieschens Wohnungstür – drauf steht in kyrillischen Buchstaben „Artist". Und als das Reihenhäuschen in der Lortzingstraße 10 nach Radios durchsucht wird, klopft niemand an die Tür des Künstlers, hinter der die Geräte aller anderen Mieter versteckt sind… Er hört von anderen Zeitgenossen, die ihren Radios vorsorglich und kühn zugleich das Innenleben entnommen und nur die kleine Lichtquelle für die Skala übrig gelassen haben. Wenn die Russen nun das Gerät einschalten, ist nichts zu hören. Die Freunde sind enttäuscht… „Ljucht ist, aber nix spielen!"

Das gefürchtete sowjetische Militärtribunal am Schweriner Demmlerplatz ist nicht nur auf der Suche nach Radios. Es nimmt die Jugend ins Visier und Witterung auf nach Leuten, die der nationalsozialistischen Untergrundorganisation „Werwolf" angehören könnten.

Die Besatzungsmacht hat Angst vor Konterrevolutionären. Tausende junge Menschen werden ohne Gerichtsprozess unweit Schwerins nach Fünfeichen bei Neubrandenburg ins Speziallager Nr. 9 gepfercht. Tausende sterben dort an Seuchen und Hunger.

Die Überlebenden werden nach ihrer Freilassung verpflichtet, sämtliche Erlebnisse zu verschweigen. Niemand soll es je erfahren, welche Verbrechen sich die sowjetischen Freunde auf ihre roten Fahnen schreiben lassen müssen. Und die Gequälten halten sich Jahrzehnte daran – von der Angst geschüttelt, erneut am helllichten Tag von der Straße weg oder in einer nächtlich Blitzaktion aus dem Bett gerissen zu werden. Selbst Arbeitskollegen oder Freunde erfahren nichts. Auch Horst Köbbert, nach dem Krieg Taucher, später Entertainer auf höchster Ebene im DDR-Fernsehen, hält bis zum Fall der Mauer dicht, ehe es aus ihm herausbricht und es auch dem letzten seiner Mitstreiter deutlich wird, was der einstige Warnemünder Fähnleinführer als Siebzehnjähriger in Fünfeichen durchgemacht hat. Nach vier Wochen Haft in einem Rostocker Gefängnis wird er für drei Jahre in das

Gefangenenlager gebracht. Ohne Verhör oder Verurteilung.

Niemand wird geschlagen oder gefoltert. Die Qual besteht in Hunger, Kälte und Verwahrlosung in maßloser Eintönigkeit.

Nach zwei Jahren erfahren die Eltern in Warnemünde, dass Horst lebt. Es gibt jeden Tag Kohl, Wasser, etwas Brot. Der einst stämmige, großgewachsene Junge bekommt Typhus, später TBC und fällt ins Koma. In der Krankenbaracke versorgt ihn eine russische Ärztin mit einer täglichen Viertelliterration Milch. Die russische Seele in stillen Helden trotzt der stalinistischen Vergeltungsmacht.

„Maikäfer flieg‘, dein Vater ist im Krieg…“, so klingt es in der romantischen Liedersammlung „Des Knaben Wunderhorn“… Im mecklenburgischen Fünfeichen ist davon nur noch ein Knacken zu vernehmen. Denn Tausende verhungern oder zerstören sich den Magen mit gekochtem Kartoffelkraut oder gerösteten Maikäfern…

Kapitel 4: Mit Motorroller durch die Sechziger-Jahre

Oma Engelmann, die nur ich so nenne, denn alle anderen sagen „Lieschen“, wohnt jetzt seit mehr als vier Jahren in Dortmund bei ihrer Tochter Susi, die dort mit ihrem Mann Heinz Ruploh ein eigenes Restaurant führt, das hauptsächlich von amerikanischen Soldaten besucht wird. Gut 10 Jahre später verlassen die GI's den Standort. Die Gaststätte geht Pleite, denn deutsche Gäste haben das Lokal stets gemieden, und dabei bleibt es. Gut, dass Oma als Kriegswitwe im Westen eine anständige Rente bekommt. Vor dem Umzug und vor dem Bau der Berliner Mauer haben wir die Ruplohs in Benninghausen, bei Lippstadt besucht. Damals hat Onkel Heinz als Spediteur die seinerzeit noch dreiköpfige Familie allein ernährt. Das schafft er als Vater von mittlerweile vier Kindern nicht mehr.

Bevor Oma als Rentnerin die DDR legal verlassen darf, beschenkt sie uns mit Geschirr, Sammeltassen, einem weißblauen Kerzenhalter aus Porzellan sowie einem kleinen schwarzen Ohrensessel, auf dem ich während der Ferien in Schwerin Westfernsehen gucke, dabei den Film vom Konzert der Beatles in New York verfolge und mich in der Werbung über ein fröhliches Seepferdchen freue. Dazu bekomme ich Kakao und eine dicke Scheibe Butterbrot, die von goldenen Roggen-Körnern umrandet ist. In der Werbung zeigen sie, wie wunderbar Rama schmeckt, sodass mir das Brot auf der Zunge zergeht. Ich muss bei Oma immer kräftig essen, weil sie meint, ich sei zu dünn und hätte ja schon so viel durch als kleiner Junge. Sie schenkt uns vor der Übersiedlung auch Geld. Dadurch können wir 1966 die Fußball-Weltmeisterschaft und das Wembley-Tor im eigenen Fernseher erleben. Papa und ich holen das Bargeld mit dem Motorroller „Berlin“ ab. Er steckt es in einem braunen Umschlag in die Brusttasche seines grünen Lodenmantels. Ich habe über zwei Pullover und zwei Hosen Mamas braunen Nylonmantel gezogen. Man friert schnell auf dem Roller. Meinen Kopf lege ich windgeschützt dicht auf Papas vom Fahrtwind aufgeplusterten Rückenstoff, der sachte nachgibt. Meine Hände finden Halt an dem dicken Hartgummiring zwischen den beiden Sitzen. Auf der Rückfahrt machen wir viele Pausen. Papa kontrolliert immer wieder, ob auch wirklich alle Scheine im Umschlag sind. Ich erinnere mich dabei an Erich Kästners „Emil“, dem im Zug 140 Mark von Herrn Grundeis-Müller-Kießling, dem Herrn mit dem steifen Hut, gestohlen werden. Hart erarbeitetes Geld von Emils Mutter für die Oma in Berlin. Ich finde es gut, dass wir Pausen machen und das Geld, das Oma uns geschenkt hat, nachzählen. Es ist viel mehr als das, was in Emils Umschlag vorsorglich mit einer Nadel zusammengesteckt ist.

Die Fahrten auf Papas Roller sind etwas Besonderes. Auch diesmal. Bei der ersten Pause halten wir am Rande einer weitläufigen Wiese bei Gadebusch. Ein paar hundert Meter entfernt stehen 5 oder 6 ausrangierte Waggons, in denen jetzt unzählige Hühner leben und legen.

Ein Jahr zuvor wollen wir zu Papas Onkel Adolf nach Berlin. Der hat dort eine kleine Villa mit Wintergarten und schilfbewachsenem Goldfischteich nahe dem Orankesee.

Badegäste schauen auf ihrem Weg ins Strandbad interessiert und manchmal neidvoll durch den filigranen tiefgrünen Metallzaun auf die gepflegte Rasenfläche, das verwinkelte Häuschen und diverse quiekende Hollywoodschaukeln dort in der Augustastraße.

Der Weg von Stralsund nach Berlin mit Papas Motorroller ist wie erwartet beschwerlich. Die Landstraße bis Prenzlau kommt uns vertraut vor. Sie erinnert an kleine Spritztouren auf die Insel Rügen, bei denen wir immer wieder durch Straßendörfer kommen, beim Fleischer in Poseritz Koteletts ergattern und einmal ein weißes Huhn kurz vor Putbus streifen, sodass wir mit Tempo 40 fast stürzen.

Bis Prenzlau durchqueren wir auch kleine Städte – Greifswald, Anklam, Pasewalk… Dann geht es erstmals in unserem Leben auf die Autobahn mit 70 Kilometern pro Stunde und mehr... Man hat trotzdem das Gefühl zu stehen. Und plötzlich halten wir wirklich, als vom Motor nichts mehr zu hören ist. Papa sagt: „Scheiße." In diesem Falle bedeutet es: Das Benzin ist alle. Wir haben bis hierhin keine Tankstelle gesehen links und rechts der hellen porösen Betonplatten mit den flüchtig teerausgefüllten Stoßkanten, die wie bei einem Zug auf den Gleisenden regelmäßig Erschütterungen beim Drüberfahren auslösen. Tamtam… tamtam…

Wir entledigen uns der überschüssigen Kleidung samt schweren Helmen, die irgendwie auf den beigefarbenen Gummi-Sitzen deponiert werden, denn die Sommersonne ist erbarmungslos, während wir den ächzenden Roller über die kaum befahrene vierspurige Trasse in Richtung Berlin schieben. Wenig später hält neben uns eine rote Jawa, der Fahrer stützt sich mit beiden Beinen ab und hat unser Dilemma geahnt, „Der nächste Ort ist Gramzow, da ist eine Tankstelle – ungefähr fünf bis sechs Kilometer." Papa bedankt sich. Wir wissen jetzt, dass wir noch eine gute Stunde schieben müssen, aber mit einem Ziel vor Augen fällt es uns nicht mehr so schwer. Es vergeht mehr als eine Stunde. Jetzt sind mehr Fahrzeuge unterwegs. Wir versuchen, uns so weit wie möglich rechts zu halten. Als sich uns in Fahrtrichtung ein Motorroller

„Troll“ nähert, hebt mein Vater den Arm, der Fahrer stoppt und Papa fragt: „Müsste nicht die Tankstelle Gramzow hier in der Nähe sein?“

„Gramzow? Da seid ihr längst dran vorbei!!“ „Nein. Die hätten wir sehen müssen.“ „Die könnt ihr von der Autobahn aus nicht sehen. Ihr hättet an der Ausfahrt runter gemusst. In Gramzow könnt ihr dann tanken.“ Papa bedankt sich. Als der Troll verschwunden ist, sagt er: „Scheiße.“ Wir wenden und schieben den Roller jetzt entgegen der Fahrtrichtung zurück, erreichen schneller als gedacht die Ausfahrt, dort entdecken wir ein gelbes Hinweisschild: „Gramzow 3 Km“. Nach einer weiteren knappen Stunde ist der Tank gefüllt. Wir können wieder lachen und die Fahrt nach Berlin fortsetzen.

Es wird Abend und wir geraten von Pankow kommend in den Feierabendverkehr der Großstadt. Papa sucht nach Hinweisschildern, die uns nach Weißensee und dort nach Hohenschönhausen leiten. Plötzlich sind wir auf dem Alexanderplatz in einem mehrspurigen Kreisverkehr und fahren auf der Innenbahn. Papa lenkt wie versteinert vor mir Runde um Runde. Ich weiß, dass wir hier nie wieder herauskommen und sage für Papa: „Scheiße.“ Auf einer kleinen Verkehrsinsel in der Mitte des absurden Karussells beobachtet uns ein Verkehrspolizist mit weißen stoffplusternden Unterarmen von Runde zu Runde mit wachsender Spannung.

Er deutet mit seinem schwarzweißen Verkehrsstab an, dass wir den Kreisverkehr endlich verlassen sollen. Nach weiteren Runden nutzt er die Trillerpfeife, um Papa zu verdeutlichen, dass seine Geduld am Ende ist. In der vorläufigen Schlussrunde winkt er uns zu sich ganz nahe an seinen Hochstand. Endlich kommen wir zum Stehen. Der Polizist hat an unserem kleinen Nummernschild längst erkannt, dass unsere Großstadterfahrung gegen Null geht. Papa bittet den Freund und Helfer um die richtige Richtung. Der mächtige Mann im Zentrum des pulsierenden Verkehrs erinnert an den Zaren Alexander, der dem ehemaligen Wollmarkt seinen Namen gibt. Er hebt langsam den Arm in die Höhe, alle Fahrzeuge bremsen und halten an. Der Zar ruft: „Zurück in die Außenspur, zweite Ausfahrt rechts!“ Dann gibt er, sich ironisch vor uns Deppen verbeugend, Papa ein Zeichen. Der schlängelt unseren Roller wie durch einen Slalomkurs dankbar und geschickt an allen haltenden Fahrzeugen vorbei in die richtige Spur nach Osten, wo Oma Engelmanns Bruder, Papas Onkel Adolf, mit seiner Frau Lotte, seit vielen Stunden voller Sorge auf unseren Besuch wartet. Doch alle wissen aus eigenem Erfahren, es gibt im Leben Schlimmeres, als sich mit einem blauen Motorroller auf dem Alexanderplatz im Kreis zu verfahren.

Kapitel 5: Schwerin kurz nach dem 2. Weltkrieg

Des schlanken Günters Bauchgefühl funktioniert. Er schließt sich den Kommunisten an, die mit sowjetischer Hilfe in Schwerin die Macht übernehmen. Darunter auch jene Leute, die Seit an Seit mit den Nazis einst die Weimarer Republik und den sozialdemokratischen Erzfeind bekämpften. Noch im Aufruf vom 45er-Juni will die KPD angeblich den Weg der Sowjets zum Sozialismus nicht gehen, ein eigener gesamtdeutscher Prozess soll es sein. Doch die schnelle kompromisslose Zwangsvereinigung mit der SPD zur SED lässt jede Hoffnung zur Illusion werden. Günter trifft bei den roten Genossen seinen Jungbannführer, der sich – selbst knapp Fünfeichen entgangen und wie viele spätere Funktionäre kurzfristig entnazifiziert – für höhere Aufgaben auf dem Weg zum Welt-Sozialismus empfiehlt. Er hat es dem kleinen Günter eingebläut: „Jungvolkjungen sind hart, schweigsam und treu. Jungvolkjungen sind Kameraden. Des Jungvolkjungen Höchstes ist die Ehre."

Günter summt „Vorwärts, vorwärts schmettern die Fanfaren", verlässt den kommunistischen Pfad und bleibt kontaktfreudig. Er raucht „Belomorkanal-Papirossy" oder Stalins Lieblingsmarke „Herzegowina Flor" mit alten Freunden und mit den Sowjets. Er wird am Konservatorium Schwerin immatrikuliert, studiert und probt, singt, tanzt und stellt sich nach Kräften der Verantwortung für die Familie als ältester Sohn.

Wenn er abends Brot und Fett, Wurst, Käse und auch mal einen kleinen Teppich vom Schwarzmarkt in der Lortzingstraße hinterlegt hat, beginnt der gemütliche Teil seines Künstlerlebens. Nach durchzechten Stunden, den billigen Wodka im Kopf, versucht er dann nachts, in das Zimmer des gefallenen Bruders, das nun das seine ist, zu gelangen. Da hat Lieschen längst die Wohnungstür verschlossen, der Schlüssel steckt von Innen. Sie hasst Alkohol. Im Morgengrauen geht sie zur Arbeit. Im Gebäude der Hauptpost sortiert sie Briefe und Karten, die sie wenig später in der prall gefüllten schwarzen Ledertasche und mit der großen Schirmmütze austrägt. Und so steigt sie über den im Flur trunken schlafenden Sohn und lässt die Tür offen.

Der Frühstückstisch ist für die drei Kinder gedeckt mit dem Nötigsten, und etwas Geld für Günter liegt neben seinem Teller.

Er meistert die Abschlussprüfung und erhält sein erstes Engagement in Bremen bei Philipp Kraus, dem einstigen Bayreuther Bühnenpartner von Leo Slezak und Enrico Caruso. Sohn Fritz gehört gleichfalls dem Ensemble an. Man tingelt durch Bürgerhäuser, Kinos, schließlich im großen Saal des Konzerthauses. Das Publikum ist begeistert, die Abonnentenzahl wächst.

Das neue Bremer Ensemblemitglied kann nur ahnen, welcher Gefahr es sich in den politischen Verirrungen Schweriner Nachkriegsturbulenzen entzogen hat, und so beginnt Günter das Leben auf der Bühne als das seine zu lieben. Er singt, tanzt, schauspielert weiter, ist vielseitig einsetzbar, probiert sich aus. Sportlich ist er, gewandt und ausdauernd. Die Seen seiner mecklenburgischen Heimatstadt hat der junge Mann mehrfach durchschwommen. In Kalkwerder und Zippendorf, am Ziegelsee und auf Kaninchenwerder legt er sich in schwarzer Badehose mit dem aufgenähten Totenkopf in den braunen Strandsand. Im Wasser fühlt er sich wohl und sicher.

Doch auch der Sport an Land ist ihm wichtig. Als glänzender Tischtennisspieler schlägt er eine blitzartige Rückhand, er steht mit flinker Reaktion und Sprungkraft im eigentlich für ihn viel zu großen Feldhandball-Tor und kann als Rechtsaußen der Fußballer des SV Werder Ecken mit dem linken Fuß direkt verwandeln.

Günter fühlt sich wohl an der Weser. Er mag den Norden und seine Menschen, er liebt sein Publikum, vor allem das weibliche, und die Frauen lieben ihn. Und wenn nach den Vorstellungen der Alkoholpegel steigt und die Musiker ihre Instrumente noch einmal auspacken, gibt es keinen gefragteren Tanzpartner als den knapp über Zwanzigjährigen, der aus dem Osten kam, um Bremen für sich zu erobern. Doch so schnell, wie er sich an sein Leben im jungen Frieden gewöhnt hat, so jäh ist das Ende.

Mit der Währungsreform 1948 wachsen zunächst auch an der Weser wirtschaftliche Schwierigkeiten, die Besucherzahlen schrumpfen dramatisch, die kommende Spielzeit wird vorzeitig beendet, die Künstler müssen sich neue Anstellungen suchen.

Günter kehrt nach Hause in den Osten zurück. Mutter Lieschen und die Geschwister freuen sich und hoffen, dass der attraktive große Bruder nun am Mecklenburgischen Staatstheater auf der Bühne stehen wird. Doch der Günter durchaus wohlgesonnene Generalintendant Otto Kähler kann den jungen Mann in Schwerin nicht einstellen, die Kapazitäten seines Hauses sind erschöpft. Er gibt dem talentierten Sänger die Empfehlung, sich an der damaligen Volksbühne Stralsund zu bewerben. Der singt dort vor und Intendant Hans Maier-Waelde engagiert Günter vom Fleck weg – scheinbar wohlwissend, diesen talentierten Burschen bald wieder ziehen lassen zu müssen. Was beide nicht ahnen – es ist ein Engagement für die Ewigkeit. Günter wird in 40 Jahren die DDR und alle

Stralsunder Intendanten überleben – die linken, die rechten und die guten.

Kapitel 6: Stralsund in der Mitte der Sechziger-Jahre

Wenn ich am Fenster sitze und hinab auf den Knieperdamm schaue, fühle ich mich geborgen. Hier ist mein Zuhause für die Ewigkeit. Bis jetzt kann man dort unten auf dem Bürgersteig spielen – „Greif“ oder „Versteck“. Und wer beim Weglaufen die Abkürzung über die Fahrbahn nimmt, gerät selten in Gefahr. Es ist noch nicht lange her, da rollte ich auf meinem Metalldreirad rasant unter den Augen meiner Mutter immer wieder am Fenster vorbei, um sie zum Staunen zu bringen. Bald steht an meinem Geburtstag ein luftbereifter Roller an den grünen Kachelofen gelehnt. Gerade rechtzeitig vor dem Internationalen Kindertag. Jetzt kann ich am Rollerrennen teilnehmen, noch dazu mit diesem flinken Fahrzeug, das alle konkurrierenden Holzroller hinter sich lassen wird. Opa bastelt aus fester Pappe eine Startnummer, beschriftet sie mit der Eins und befestigt sie am Kunststoffsitz über dem hinteren schneeweißen Reifen des Speichenrades. Das Rennen am ehemaligen Bürgerhaus, das inzwischen Pionierhaus genannt wird und zur Brunnenaue gehört, ist wider Erwarten ein Hindernis-Rennen. Die Roller werden weniger gefahren als getragen. Und mein Geburtstagsgeschenk ist wohl zehnmal so schön, allerdings auch dreimal so schwer wie die Fahrzeuge der anderen

Jungen, die längst im Ziel sind, während ich meine Nummer Eins über die zweite von gefühlt hundert Hürden wuchte. Meine Demütigung geht am Nachmittag in ein erstaunliches Kribbeln über. Eine finnische Schulklasse aus der Partnerstadt Pori ist zu Gast. In ihren feschen grün-schwarzen Schuluniformen mit roten Kragenaufsätzen haben die Mädchen einen außergewöhnlichen Tanz mitgebracht, den Letkajenkka. Später sagen auch wir Stralsunder Letkiss dazu und springen für eine gewisse Zeit ungelenk auf der Tanzfläche herum. Interessanter als der Tanz ist für mich ein schwarzhaariges anmutig hüpfendes Mädchen. Ich glaubte bisher, Finninnen seien blond wie meine schöne Nachbarin Gisela, die ich in diesem Moment des Hüpfens vergessen habe. Das Schneewittchen aus dem fernen Pori verzaubert mich – in mir gehen Polarlichter auf, ich wäre zu gern ein Zwerg, von dessen Tellerchen oder Tässchen sie essen und in dessen Bettchen sie schlafen könnte. Doch sie verschwindet auf Nimmerwiedersehen hinter den sieben Bergen. Was mir bleibt, ist ein Abschiedsgruß aus großen kornblumenblauen Augen.

Zumindest verstehe ich dieses Finnisch und habe es bis heute nicht vergessen.

Wenig später spricht mich meine Klassenleiterin an: „Wir werden im Sommer einige Schüler in unsere Partnerstadt Pori fahren lassen. Hast du dazu auch Lust?“ Mein Herz springt in die Höhe, meine Beine tanzen Letkiss: „Ja, klar!“ Sie fragt nur noch nebenbei: „Hast du Verwandte in Westdeutschland?“ Ich antworte blitzartig, laut und vor allem stolz: „Ja – Onkel Bruno in Hannover, Onkel Erich in Leichlingen bei Köln, Tante Susi und Onkel Heinz in Benninghausen bei Lippstadt – und meine Oma Engelmann aus Schwerin wird in Kürze zu ihnen ziehen. Die Rente liegt dort höher!“ Meine hübsche Lehrerin will mir Gutes tun. Ich sehe es ihr an.

Doch so fröhlich nahe sie mich fragte, so enttäuscht fern kommt ihr: „Aha.“ Statt meiner fährt Klassenkameradin Gabi Wegner. Ich glaube, dass alle Wegners außer Gabis Eltern und ihrem großen Bruder Kalle irgendwo zwischen Flensburg und Kiel ein neues Zuhause gefunden haben. Aber sie erzählt davon nichts und fährt alsbald nach Finnland.

Kapitel 7: Stralsund Ende der Vierziger-Jahre und früher

Stralsund am Strelasund. Im Norden liegt sichtbar durch den kleinen Fischerort Altefähr Deutschlands größte Insel Rügen und westlich daneben Hiddensee, im Osten Usedom, im Süden die Mecklenburger Seen und im Westen der Darß mit seinem Fischland… überall Wellen, Wind und frische Luft. Die alte Stadt bietet eine eigene große Seebadeanstalt mit Gastronomie und links 200 Meter daneben einen Strand namens „Freibad". Günter fühlt sich hier wohl wie ein Fisch im Wasser. Er genießt das feste Engagement an einem Drei-Sparten-Haus – Musiktheater, Schauspiel und Ballett.

Der junge Sänger wohnt zur Untermiete bei einem theaterbesessenen, kinderlosen Ehepaar. Wenn er nachts von den Vorstellungen kommt, findet er belegte Brote und eine Flasche Bier auf dem Küchentisch. Die Gaben nimmt er dankbar mit auf sein kleines gemütliches Zimmer in der Barther Straße nahe dem Bahnhof. Auf dem Spielplan der traditionsreichen Volksbühne finden sich mit heißer Nadel verfasste sowjetische Zeitstücke, die sich dem raschen Aufbau des Sozialismus widmen, von der Besatzungsmacht und deren Vasallen verordnetes Agitprop-Theater, nur mäßig, oft nicht einmal freiwillig besucht, heimlich ungläubig belächelt oder heuchlerisch von den linken Trittbrettfahrern beklatscht. Günter ist froh, seinen Platz auf der Opern-, vor allem Operettenbühne gefunden zu haben.

Lehars „Land des Lächelns“ ist regelmäßig ausverkauft – „Dein ist mein ganzes Herz“, „Immer nur lächeln“ … Für gute zwei Stunden sind die Alltagssorgen verdrängt. Schulmädchen und junge Burschen lassen sich verzaubern und in Gedanken in all die romantischen Rollen schlüpfen, die die große Liebe verheißen, Frauen, deren Männer an den Fronten gefallen oder noch in Kriegsgefangenschaft sind, atmen tief durch, gealterte Menschen, die sich noch an die frischen Aufführungen der Vorkriegszeit erinnern, wischen verstohlen Tränen aus den Augen, sowjetische Offiziere vergessen für einen magischen Moment, dass sie die Sieger sind.

Im Publikum sitzen auch zwei unzertrennliche Freundinnen. Die blonde, blauäugige Helga und die brünett-gelockte Edeltraud mit den lachenden braunen Augen. Beide knapp sechzehn. Nach Abschluss der Hauptschule finden sie Ausbildung und Anstellungen bei Friedrich Geetz. Der Kaufmann weiß, was er an seinen bildhübschen Mädchen hat, sie ziehen die Kunden in sein florierendes Geschäft. Mütter hungriger Halbwüchsiger, sowjetische Offiziere, ältere Fischer, kleine Unternehmer, angehende Funktionäre der jungen Volkswerft. Er hat beste Verbindungen zu Ignatz, einem Stralsunder Juden, der den Todesmarsch überlebt und jetzt noch von den Zuwendungen der neuen Machthaber profitiert. Als bevorzugter Kunde aller intakten Verkaufseinrichtungen lagert er in seiner großen Wohnung Lebensmittel, die er gewinnbringend verkauft oder eintauscht gegen Schmuck, Geschirr, Teppiche. Schließlich kann er Engpässe bei Kaufmann Geetz oder Bäcker Gager mit Mehl und Zucker, frischen Eiern und guter Butter gegen Geld ausgleichen.

Die lebenshungrige Edeltraud hat nach Hauptschulabschluss und Lehre als kaufmännische Angestellte bald immer das nötige Kleingeld für ihre Theaterbesuche, die von Mutter Anna und der großen Schwester Elfriede nach Jahren der Not sorgenvoll wahrgenommen werden.

Drei Jahre vor Kriegsende Nummer zwei kommen die Bertholds aus Königsberg nach Stralsund. Ernst und Anna lernen sich 1912 am Oberhaberberger Grund in Immanuel Kants Heimatstadt kennen und lieben. Mit 24 muss der Sozialdemokrat in den Ersten Weltkrieg ziehen. Auch Anna gibt Gold für Eisen. Der Wert ihres Eherings soll Ernst mit kraftvollen Waffen ausstatten, damit er siegreich und vor allem gesund von der Ostfront zurückkehren möge. Der Sieg ist ihm wie allen Deutschen nicht vergönnt, aber Ernst bleibt so gesund, dass er

Anna vier Kinder schenkt und als Offizier der Königsberger Feuerwehr für die Familie sorgen kann. Elfriede und Erich, Bruno und das Nesthäkchen Edeltraud haben eine glückliche Kindheit in Ostpreußen. Die Familie ist geachtet, Elfriede zieht schon bald die Blicke der Söhne aus wohlhabenderen Familien auf sich. Sie ist 18, als Horst Taureck ihr Herz und nebenher als Oberleutnant der Wehrmacht große Teile Frankreichs erobert. Von dort auf Heimaturlaub zurückgekehrt, hüllt er seine schöne junge Frau in Samt, Seide und Pelze. Für die große Liebe jedoch bleibt nur wenig Zeit, die deutsche Ostfront braucht den jungen Offizier für den vermeintlichen Blitzkrieg gegen den russischen Bären.

Der verliebte Mann will seine Elfriede nicht verlassen. Horst Taureck ahnt die Gefahr des unberechenbaren Feindes am Wolgastrand. Er springt in der Taureck'schen Villa aus dem ersten Stock in die Tiefe des Innenhofs, hinab auf den kalten Marmorboden, doch gesunde Reflexe verhindern die erhofften Brüche der Beine. Leicht verletzt und strafversetzt fährt Horst in die russischen Weiten und so seinem viel zu frühen Ende entgegen.

Mit einem kleinen Trupp auf der Suche nach Partisanen, durchschlägt eine gezielte Kugel sein Herz und zerreißt in der Brusttasche Elfriedes Foto.

Als die junge Frau die furchtbare Nachricht erhält, verändert sich ihr dem Leben zugewandtes Wesen schlagartig und von Grund auf. Enttäuscht zieht sie sich zurück, eine Blume, die äußerlich nicht verwelkt und sich doch kraftlos den Gewalten überlässt, verwurzelt in der Mitverantwortung für ihre Familie und doch selbst ohne Halt.

Und als am 6. Oktober 1944, mittags die Bomben der Alliierten nicht wie geplant auf Stettin abgeworfen werden, sondern bereits in Stralsund explodieren, erinnert sie jede Detonation an den tödlichen Schuss in das Herz ihres Geliebten. Elfriede presst im Luftschutzkeller der Luftwaffenschüler mit geschlossenen Augen die Hände auf die Ohren und fleht wie alle anderen Schutzsuchenden losgelöst von jeder Scham um Hilfe, um Gnade – wenigstens diesmal, Herr… Beschütze unsere Familie.

Der Leutnant der Feuerschutzpolizei Ernst Berthold befehligt in diesen furchtbaren Stunden seine Kameraden im Kampf gegen Flammen und einstürzende Stralsunder Mauern, die – anders als einst im Dreißigjährigen Krieg – nicht standhalten können. Der Tod kommt von oben – überraschend und mit zerstörerischer Wut. Ernst trägt Kinder, Frauen, Greise aus dem Feuer, das noch Tage nach dem Angriff lodert, glimmt und endlich, endlich erlischt.

Groß sind die Zerstörungen. Fast vierhundert Gebäude in der Innenstadt werden vernichtet, darunter eine große Anzahl von Häusern der Gotik, des Barock und des Klassizismus. Der Bombenhagel zerstört allein über vierzig Baudenkmäler, darunter das Johanniskloster, das Semlower Tor, das letzte Wassertor der Stadt, das „Wrangelpalais" in der Heilgeiststraße… Insgesamt werden gut achttausend Wohnungen ausgelöscht.

Nahezu siebenhundert Menschen sterben. Einheimische, auch durchreisende Wehrmachtsangehörige und Zwangsarbeiter aus Osteuropa. Vierzehntausend Stralsunder haben kein Zuhause mehr.

Die Bertholds überleben, doch die Existenz in den Trümmern wird mit jedem Tag trostloser. Die Menschen spüren, dass dies nicht der letzte Schicksalsschlag des Krieges gewesen sein kann. Die Russen rücken immer näher…

Ernst ist mitverantwortlich für die Beseitigung der schweren Schäden in der historischen Innenstadt, wo sich in den nächsten Wochen fanatische Männer und folgsame Frauen versammeln, die ihre Stadt verteidigen wollen. Der zwölfte Jahrestag der Machtübernahme des Führers wird mit einer Großkundgebung gefeiert.

Der Glaube an den Endsieg ist erschüttert, aber noch nicht gebrochen. Zum Kampf bis zur letzten Patrone wird an diesem 30. Januar aufgerufen. Flüchtlinge berichten aus dem Osten kommend von Gräueltaten, Vergewaltigungen, Massenmorden. Zehntausende fliehen in Richtung Barth oder nach Rügen. Nur 40 Kilometer vor Stralsund, in Demmin, kommt es zu einer Tragödie, die sich schnell herumspricht – mehr als tausend Menschen begehen aus Angst vor der Roten Armee Selbstmord. Wer sich nicht mit Blausäure zu vergiften oder zu erschießen vermag, ertränkt erst die Kinder und erhängt dann sich selbst. Noch Wochen und Monate später findet man Leichen in den Wäldern und Wasserläufen des Dreistromlandes…

Die Nachbarstadt Greifswald ergibt sich kampflos. Die außergewöhnliche Tat des Oberst Petershagen spricht sich herum. Am 30. April fordern die Russen auch von den Stralsundern die Kapitulation. Truppen der Wehrmacht und Einheiten der im Krankenhaus West stationierten Waffen-SS verlassen über den Rügendamm die Stadt. Auf ihrem Rückzug sprengen sie die Ziegelgrabenbrücke. Der Weg auf die Insel ist nur noch per Wasserfahrzeug möglich. Für die Befreier ebenso wie für die vor ihnen Flüchtenden.

Am frühen Morgen des ersten Mai rücken Soldaten der 90. Ropschaer Schützendivision der Roten Armee über die Greifswalder Chaussee kampflos in Stralsund ein. Überall wehen weiße Laken im Frühlingswind, der das junge Grün des Frühlings streichelt.

Auch auf dem Dach des Lyzeums, das seit kurzem als Ingenieurschule für Luftfahrttechnik von Luftwaffenschülern genutzt wird, direkt gegenüber Ernsts Feuerwache am Strelasund. Der Weg zur Arbeit vom gedeckten Frühstückstisch war für Ernst ein Katzensprung bis zu diesem 1. Mai 1945… Feuerwehrmann Müller hat auf dem Schuldach die weithin sichtbare weiße Fahne gehisst. Daneben sitzen nun Anna und ihre Töchter Elfriede und Edeltraud. Die Füße baumeln über die Dachrinne hinweg in der Luft. Sie werden springen, wenn der erste Russe die Berthold'sche Dachgeschosswohnung betritt. Sie haben Angst, während unten auf dem Vorhof, die Eroberer bereits feiern. Edeltraud liebkost dort sonst ihre Kaninchen, füttert Perlhühner und auch eine Schildkröte. Die hat sie im Puppenwagen spazieren gefahren. Doch Sieger sind hungrig. Vereinzelt hört man Schüsse und Einschläge von Bomben links und rechts der einmarschierenden Truppen.

Gegenüber auf der Insel Rügen, aber auch auf dem Dänholm regt sich noch geringer deutscher Widerstand, während von den ersten russischen Panzern Rotarmistinnen springen, mit Maschinenpistolen oder Revolvern, und dann flink den Straßenverkehr in der eroberten Hansestadt regeln.

Ernst und seine Mitstreiter auf der Feuerwache werden von den siegreichen Eindringlingen sofort ihres Dienstes enthoben, und als es im Stralsunder

Hafen plötzlich brennt, müssen Luftschutzhelfer den Brand unter Kontrolle bringen.

Als Ernst seine Uniform ablegt, das lange Unterhemd ausziehen und die Hände heben muss, entdecken die Russen am linken Oberarm die verhängnisvolle Blutgruppen-Tätowierung, die 1942 auch zur Pflicht für Führungskräfte der Feuerschutzpolizei seitens der SS erhoben wurde. Ernst wird sofort in Haft genommen und wenig später für fast 5 Jahre in ein Gefangenenlager jenseits der Wolga verbannt. Dorthin, wo auch der ältere Sohn Erich geraten ist, der seit der Schlacht bei Stalingrad in russischer Kriegsgefangenschaft zu überleben versucht.

Bruno, den jüngeren Spross der Bertholds, nehmen Rotarmisten in Stralsund fest, als er sich mit Freunden einem Trupp ehemaliger polnischer Zwangsarbeiter entgegenstellt, der, frisch eingekleidet, erhebliche Vorräte an Lebensmitteln und Hausrat aus verlassenen Wohnungen auf mit Pferden bespannte Wagen lädt, um damit in die Heimat zurückzukehren.

Anna und ihre Töchter sind allein auf dem Dach. Die weiße Fahne weht im Frühlingswind.

Sind es Todesangst und Überlebenswille, Gottvertrauen und Hoffnung, die die drei dem Tod Geweihten mit kräftigen russischen Soldatenarmen ins Leben zurückziehen? Keine der Frauen kann oder will es rückblickend erzählen. Sie überleben diese ersten Momente einer Wiedergeburt, die an ein Wunder grenzt. Die Männer der Familie sind unerreichbar in der Gefangenschaft des so unberechenbaren Feindes, der in den Trümmern Berlins als Alexandrow-Ensemble deutsche Volkslieder singt, Kindern Brot und dem geschundenen Volk die Hand reicht und zeitgleich Frauen vergewaltigt, Jugendliche quält, Männer ermordet.

Über Anna, Elfriede und Edeltraud hält ein von Gott gesandter Schutzengel die Hand, der im realen Leben in russischer Offiziersuniform mit kyrillischen Buchstaben Liebesbriefe an Elfriede schreibt, um seine Zuneigung wenig später ehrlich, respektvoll und doch hartnäckig in gebrochenem Deutsch zu erneuern. Nach anfänglichem Zögern und doch reiflicher Überlegung gibt die wunderschöne Elfriede nach, bestärkt von der Mutter, mit Spannung beobachtet von der kleinen knapp vierzehnjährigen Schwester. Die plötzliche Freilassung Brunos gibt der Überlebens-Hoffnung weitere Nahrung. Das Eis, auf dem sich die neue Liebe entwickelt ist dünn. Auf Seiten der Verlierer und Sieger tummeln sich die Denunzianten. Die Kollaboration zwischen einer deutschen Leutnantstochter und einem sowjetischen Offizier ist in diesen Zeiten nicht gesellschaftsfähig. Doch die Liebe wächst. Elfriede erwartet ihr erstes Kind. Der Schutzengel wird lange vor der Geburt eines kleinen Mädchens von der sowjetischen Militäradministration auf Nimmerwiedersehen versetzt.

Eine alleinstehende schwangere Frau, deren Mann vier Jahre zuvor den Heldentod starb. Dem Zeitgeist unvermittelbar in einer Stunde null. Vom Horst kann das Kind nicht sein, eine Vergewaltigung hätte sich herumgesprochen.

Freiwillig lässt sich nach den schlimmen Erfahrungen mit Besatzern in jenen Jahren keine einsame deutsche Frau mit den Fremden ein – jetzt nicht… und später erst recht nicht. Das ist die Nachkriegs-Räson, derer sich Frauen vorerst zu fügen haben. Jene, die auf ihre vermissten oder in Gefangenschaft geratenen Männer warten, harren geduldig jeden Tag, jede Nacht aus. Die Witwen trauern, Alternativen bieten sich nur wenige, zumal die Veteranen des Ersten Weltkrieges der Leidenschaft unzähliger junger Frauen nicht mehr gewachsen sind.

Doch es zeigt sich ein Silberstreif am Horizont – erste Heimkehrer haben die Entnazifizierung durchgestanden, sind auf der Suche nach Frau und Kind oder sehnen sich nach einer eigenen Familie. Auch Hubert, mit dem es die Natur auf den ersten Blick nicht allzu gut gemeint hat. Ein durch Hungersnot und Gefangenschaft zusätzlich ausgemergelter Mann, dessen Redefluss durch ein leichtes Stottern unterbrochen und mit den Worten „und zwar“ ergänzt wird. Ein Pommer aus Lauenburg, der nun in Stralsund ein neues Zuhause sucht, während Mutter Maria nach Berlin zieht und der ältere Bruder Helmut in Hamburg ansässig wird. Eigentlich wollte auch Hubert weiterziehen – aber er entdeckt die Liebe seines Lebens. Die Familie spekuliert noch Jahre darüber, wie die schwangere Elfriede und der verliebte Lauenburger zueinander finden. Hubert bleibt, akzeptiert Elfriedes Schicksal, wird ein treuer Lebensgefährte und liebevoller Vater für Christa, die im Advent des Jahres 1946 geboren wird und knapp vier Jahre später eine Schwester bekommt. Er wird insgeheim an den anspruchsvollsten Visionen eines erfüllt-romantischen Lebens mit Horst gemessen und hält dabei im wirklichen Leben jedem Vergleich stand.

Und so macht sich Hubertchen, wie ihn Elfriede in manchen Sternstunden gemeinsamer Verbundenheit und viel, viel später nach seinem Tod in der Wendezeit nennen wird, auf den Weg, seine kleine Familie zu ernähren. Gut ein Jahr nach dem 18. Dezember 1945 durch den Befehl Nr. 176 der Sowjetischen Militäradministration beginnt er als tüchtiger Möbel-Verkäufer der neuen Konsum-Genossenschaft im Stralsunder „Wertheim“-Kaufhaus.

Kapitel 8: Stralsund in der Mitte der Sechziger-Jahre

Der Knieperdamm gerät in Bewegung, wird breiter und schneller. Im Norden und Westen Stralsunds entstehen – während die Altstadt zerfällt – immer mehr Plattenbauten in Knieper Nord und West. Die glücklichen Bewohner, die sich auf zwei, drei oder sogar vier Zimmerchen sowie Fernheizung, Warmwasser und Badewanne freuen, nutzen die Straße für ihren Arbeits-und Nachhauseweg. Es werden immer mehr. Die Straßenbahnwagen der Linie 3, die vor unserem Haus die vorletzte Haltestelle bedienen und in der Kurve vor und nach dem Bremsen alle 30 Minuten bis in die Nacht hinein ohrenbetäubend schrillen und quietschen, stellen den Fahrbetrieb ein. Die Trasse auf der gegenüberliegenden Seite nutzt man für den Neubau ebenso wie die Baumbegrenzung vor dem Haus. Die Kastanie wird gefällt. Unser Starenpärchen verliert seine Wohnung. Das Brunnenwärterhäuschen, Knieperdamm 11, muss der neuen Straßenführung weichen. In diesem Holzhaus wohnt Heidi mit ihrer Mutter und zwei großen Brüdern. Als wir wieder einmal Greif spielen, versucht das großgewachsene Nesthäkchen mich zu fangen. Auf einer Bank im Hain der Brunnenaue, direkt gegenüber dem Kindergarten, der zur Nazizeit als Heim des Bundes Deutscher Mädchen errichtet worden war, sitzen ältere weißhaarige Männer, die sich grundsätzlich ärgern, dass wir mit unserem Spiel ihre Ruhe stören. Einer von ihnen im viel zu großen braunen Anzug, mit dickem weißen Bart und glimmender Zigarre, hat ausgerechnet mich längst fixiert, und als ich zum wiederholten Male an ihm vorbeilaufe, streckt er seinen Handstock blitzartig hervor. Ich stürze und verspüre zwischen Hals und Schulter einen stechenden Schmerz. Heidi bremst ihre ungelenke Verfolgungsjagd und ruft die Worte, die ich nie vergessen werde. Es bleibt die einzige Erinnerung an Heidi: „Harald hat was Schlimmes!“ Ich habe mir das Schlüsselbein gebrochen. Dr. Wendt praktiziert An den Bleichen, drückt energisch auf den Bruch, dessen Schmerz wirklich außergewöhnlich stark für einen kleinen Jungen ist, aber jetzt kann er mir helfen. Ich bin sein letzter Patient. Am nächsten Tag verlässt er Stralsund in Richtung Hamburg.

Busse transportieren in absehbarer Zeit dröhnend und stinkend die Werktätigen zur Volkswerft und in andere Betriebe der Hansestadt. Bis vor kurzem ist am Knieperdamm die Stadt zu Ende. Da, wo sich das Hainholz im Mittelalter ausbreitete, von dem nur noch der Stadtwald übrigblieb, in dem sich ein kleiner Zoo mit Wildschweinen, Hirschen und Rehen zu entwickeln begann. Gleich gegenüber in der Barther Straße befindet sich das Stadion an der Stadtkoppel, benannt nach dem 1952 im

Mai verunglückten Rennfahrer Paul Greifzu. Hier finden auf einer schwarzen ovalen Aschenbahn Speedway-Rennen vor gut 20 000 Menschen statt, die dort in den Pausen Bockwurst auf Pappdeckeln und sogar kleine Räucheraale aus braunen Tüten verzehren.

Die Straßenbahn endet an der Hainholzstraße. Wenn ich von der Hainholz-Schule komme, möchte ich manchmal die eine Station mit dem Triebwagen fahren, aber ich habe die 10 Pfennige nicht. Und mein Begleiter Dieter Ritter sowieso nicht. Nach Stadtbesuchen macht es Spaß, durch die engen Straßen der Altstadt zu quietschen, vom Ostkreuz an Ossenreyer- und Heilgeiststraße geht's los durchs Knieper Tor am Theater vorbei die Sarnowstraße entlang, von wo aus man den Strelasund und Altefähr auf Rügen sehen kann. Man passiert zur Linken den Knieper Teich, zur Rechten das monumentale Schill-Denkmal an der Sundpromenade, nimmt vor Beginn des mächtigen Hains an der Brunnenaue die Linkskurve und fährt durch die Strandstraße, jetzt das Meer im Rücken, zum Knieperdamm. Rechts die alte Sporthalle auf dem Sportplatz der Brunnenaue. Hier treffen sich die Jungs vom Knieperdamm meistens am Samstagnachmittag nach dem Mittagessen und spielen auf der früheren Laufbahn bis in die Abendstunden Fußball. Der Platz ist von einem Maschendrahtzaun umgeben. Wir klettern einfach drüber. Für die Kleinen gibt's an einer stark bewachsenen Stelle ein mühsam aufgedröseltes Loch, durch das man flink schlüpfen kann, um schnell im Spiel zu sein oder vor dem gestrengen Platzwart zu flüchten. Er ist listig und flink, der Manfred. Natürlich erwischt er uns immer wieder und erteilt uns ein Platzverbot auf Lebenszeit. Wir haben noch andere Möglichkeiten in der Brunnenaue, um dort auf engerem Raum Fußball zu spielen. Beispielsweise direkt an der Begrenzungsmauer der Villa „Bruhn". Manchmal fällt der Ball über die Mauer, ein anderes Mal sogar auf den Balkon von Frau Peters im Hochparterre. Das bedeutet, das Spiel ist beendet. Am nächsten Tag klingelt mein Papa bei der älteren Dame, entschuldigt sich für unsere Lebensfreude und bringt den Ball wieder nach Hause. Wenig später stirbt Frau Peters. Ich bin ehrlich erschüttert und wünsche mir aufrichtig, dass es nicht unser Spieltrieb war, der der alten Frau das Leben verkürzt hat.

In die schöne Wohnung zieht die kräftige Frau Hagemeister, geschiedene Gaede, mit ihrem schmächtigen neuen Ehemann, Reichsbahnangestellter wie Herr Kugler, ein. Eine lustige tolerante Frau, die immer ein Lächeln auf den Lippen hat, und zwei Söhne in die neue Ehe mitbringt. Klaus, der ältere, ist ein grundehrlicher Kämpfer und kann ausgezeichnet Fußball spielen. Wenn der Ball jetzt auf dem Balkon landet, wirft ihn seine stolze Mutter sofort zurück aufs kleine Spielfeld, auch wenn dort frische Wäsche auf der Leine hängt. Ihr Enkel Enrico, Klausis Sohn, wird es am weitesten von allen Fußballern am Knieperdamm bringen – als Profi in der ersten Bundesliga bei Borussia Mönchengladbach.

Trotz allem krabbele ich wieder durchs Zaunloch – mit dem Ball. Der Platzwart ist nicht zu sehen an diesem frühen Sonntagvormittag. Spielkameraden sind auch nicht da. Ich trainiere für mich, schlüpfe in die Rolle der großen Fußballer der 60er – Uwe Seeler, der junge Beckenbauer, Pele… Niemand wird sich je vorstellen können, wie sehr ich in diesen Minuten tatsächlich Beckenbauer war – nicht mal der Franz selbst. Der Ball fliegt hoch… über den Zaun aufs Gleisbett… die Straßenbahn fährt in Richtung Stadt und erfasst meinen Ball… Mein Entsetzen ist groß, ich habe keine Zeit, das Loch im Maschendrahtzaun zu suchen, klettere die knapp zwei Meter hoch und springe hinunter, falle hin, stehe auf und laufe der Bahn hinterher. Die Stationen sind kurz, aber immer, wenn ich den Triebwagen fast erreicht habe, setzt er seine Fahrt fort. Und ich darf ohne Fahrgeld nicht einsteigen und dann einfach bis zur Endstation mitfahren.

Ich laufe weiter und denke an meinen Ball, der nun mitgeschleift wird. Eine Igelit-Kugel mit kleinen abgerundeten Noppen, die an den nackten Beinen Schmerzen auslösen, wenn der Ball scharf geschossen trifft. Eigentlich ist er zu schwer und prallt so gut wie gar nicht. Ein Grund dafür, dass er gleich unter die Bahn geraten ist und nicht von der Frontseite abprallen konnte. Opa Ernst hat ihn golden angemalt. Auf der Theaterbühne spielt die Prinzessin damit, verliert ihn im Brunnen, der Frosch gibt ihn ihr unter der Bedingung eines Kusses zurück. Ich will meinen Ball auch zurück und hoffe tatsächlich, dass ich ihn problemlos und unzerstört zurückbekomme. Der Froschkönig steht nicht mehr auf dem Spielplan. So ging der ganz besondere Ball an mich. Mama ist Requisitöse am Theater und hat ihn mir gegeben. Die Goldbronze blättert im Verlauf manches Spiels ab. Zu meinem Pech fährt die Linie 3 ausgerechnet heute zur Endstation der Linie 1 am Hafenbahnhof in der Werfstraße und somit erheblich weiter als üblich. Völlig erschöpft erreiche ich weit nach Ankunft des Triebwagens sein Ziel. Hier stehen mehrere davon. Ich krieche auf allen Vieren über den Betriebshof, schaue unter den ersten, den zweiten Wagen und entdecke nichts. Die wenigen uniformierten Angestellten sind auf mich aufmerksam geworden. Ich schildere mein Missgeschick. Sie drücken ihr Bedauern aus und machen mir klar, dass der Wagen, der meinen Ball erwischt hat, schon wieder auf Fahrt gegangen ist.

Jetzt in Richtung Neuer Frankenfriedhof. „Dein Ball wird die Fahrt ganz sicher nicht überstanden haben." Jetzt ist es Gewissheit, was ich bei meinem aussichtslosen Lauf unter Tränen geahnt, doch einmal mehr durch meine Hoffnung verdrängt habe. Ich bin traurig. Über jeden Verlust. Bei jedem Abschied. Und sei er noch so kurz.

Nur wenige Jahre später werden wir durch Platzwart Manfred wieder des Sportplatzes verwiesen. Dabei sehen wir ihn als unser Zuhause an. Doch regelmäßiger Spielbetrieb und somit professionelle Nutzung durch den Breitensport erfordert neue Sicherheitskonzepte, die Straßenfußballern in der heimischen Brunnenaue keinen Raum nach Lust und Liebe schenken. Diese Rigorosität weckt unseren Protest. Wir fühlen uns in unserer Freiheit eingeengt. Und so kommen wir auf die Idee, uns zu wehren. Oder ist es Rache? Mein neuer Mitschüler Wolfgang und ich beschließen, das der Brunnenaue zugewandte große Fußballtor aus Holzbalken abzusägen. An einem spätherbstlichen Abend treffen wir uns in der Dunkelheit am kleinen Loch des Maschendrahtzauns. Wir schlüpfen hindurch. Wolfgang hat eine Zwei-Mann-Säge aus dem häuslichen Keller mitgebracht. Wir haben noch nie mit so einem Handwerkszeug gearbeitet und setzen das schwingende Monstrum knapp über dem Erdboden an. Noch greift das Blatt nicht, die Geräusche unserer ungewöhnlichen Arbeit haben mit Sägen nichts zu tun. Wir spüren auch, wie die Sinnhaftigkeit unserer Rache schwindet. Hinzu kommt die Furcht, dass wir von der beleuchteten Strandstraße aus entdeckt werden, denn die Lichtkegel der Gaslaternen erleuchten den Platz, auf dem wir sonst so gern spielen, bis hin zum großen Spielfeld, wo wir jetzt liegend sägen. Wir zerstören einen wesentlichen Teil des Hauptplatzes. Ein Fußballtor, das wir geduckt und auf der Seite liegend mühevoll zu Fall bringen. Die Zwei-Mann-Säge hat gegriffen. Der erste Pfosten ist durchgeschnitten. Der zweite, der mehr als 7 Meter näher zur Straße steht, zittert unter den Zähnen unserer Säge. Das Tor fällt nach einer gefühlten Ewigkeit dumpf in den Strafraum. Wir ziehen uns erregt und doch leise lachend zurück. Wir lassen zunächst die Säge im Gras außerhalb des Sportplatzes liegen und laufen in die Strandstraße, um erst jetzt zu prüfen, ob uns das Dunkel der nahenden Nacht verborgen hat. Wir staunen angstvoll, als wir erkennen, wie hell der Ort unseres Sägens leuchtet. Jeder Passant hätte uns entdecken können.

Tage später werden wir beim verbotenen Spiel auf der alten Laufbahn wieder erwischt. Wir fragen Manfred, der uns machtbewusst persönlich zum Ausgang des Platzes geleitet, wo denn eigentlich das große Fußballtor sei. In unsere ungläubigen Gesichter hinein brüllt er norddeutsch breit und knapp: „Abgesägt" Und als er unsere Fassungslosigkeit wahrnimmt, ergänzt er: „Glatt abgesägt." „Wer macht denn so was?" „Keine Ahnung." Er lacht sogar. „Jetzt gibt es vom Rat der Stadt neue Tore, mit runden Pfosten wie in Wembley.“ Wir sind nahe dran zu glauben, dass Manfred es selbst gewesen und in jedem Falle den verrückten nächtlichen Holzfällern dankbar ist. Es ist ein Sägen.

Kapitel 9: 1945 Stralsund und Sibirien nach dem Krieg

Auch Anna, Bruno und die kleine Edeltraud spüren, dass das Schlimmste überstanden scheint. Der zermürbende Fliegeralarm, das Hand-in-Hand-Hasten in die wenigen Luftschutzkeller, das Dröhnen der Bomber, die Hoffnung, dass sie ihre Last nicht auf die Dächer der Stadt fallen lassen – all das ist überwunden und der Angst vor der Rache der Sieger gewichen. Und für die daheim Verbliebenen wird auch diese Gefahr überschaubar und durch wundersame Umstände sogar erträglich.

Und doch ringen Anna und die Kinder mit den Tränen. Familienoberhaupt Ernst und Sohn Erich kämpfen weit voneinander entfernt als Gefangene irgendwo bei Kuibyschew in russischen Urwäldern ums Überleben und hoffen von Krankheit und Hunger bedroht auf die Heimkehr.

Es vergehen lange und viele quälende Monate der Ungewissheit, ehe in den Lagern Postkarten ausgegeben werden, mit denen die Gefangenen ihre Angehörigen zu Hause über ihren Verbleib informieren dürfen. Links oben sind die Karten mit dem Roten Kreuz und rechts oben mit dem Roten Halbmond bedruckt. Stalins Sowjetunion hält sich zumindest in diesem Falle an die international getroffenen Vereinbarungen.

Die geschwächten Besiegten staunen, so wie sie sich auch beschämt wundern, dass die verarmte Bevölkerung der Siegermacht mit den gescheiterten Eroberern hier ein Stück Brot, da eine Kartoffel heimlich vor den Bewachern teilt, ihnen zusteckt und das Leiden lindert.

Knapp 25 Worte können die Männer auf die Karte schreiben, Worte die „Leben" bedeuten, und das ist nicht mehr und doch nicht weniger, was sie über die Wolga mitnehmen und bis zum Tag der zensierten Abgabe ihrer Nachricht mitteilen. Und wer von den Absendern Glück hat, bekommt zirka vier Wochen später Antwort von den Überlebenden daheim. Alle schöpfen Mut. Aus dem Mut erwachsen die Sehnsucht und die Kraft, das Unerträgliche überstehen zu wollen. Wieder und wieder werden die Geschundenen in andere Lager gebracht. Dort werden sie „gefilzt", wie es im Gulag-Jargon heißt, und somit aller persönlichen Gegenstände beraubt. Die Bewacher tragen mehrere Taschenuhren wie Skalps an den Gürteln ihrer Uniformen.

Der russische Wald mit seinen Kiefern ist grenzenlos. Der Bedarf an Holz für das Abstützen der Schachtwände in russischen Kohlebergwerken ist unendlich. Die Nadelhölzer wachsen im höhergelegenen Teil des Waldes. Die tieferen Gebiete sind sumpfig und nass und können nur bei starkem Frost betreten werden, ein Urwald voller Erlen, hohen wankenden Pappeln, Eschen und knorrigen Weiden, gerodet unter Aufbietung aller Kräfte, gestapelt in Quadern von anderthalb Metern Breite und vier Metern Länge.

Die sozialistische Produktionsweise gilt auch für die zunächst in Erdlöchern, später in Holzverschlägen untergebrachten Gefangenen. Eingeteilt in Brigaden, erhalten die Arbeitskräfte für den Achtstundentag eine Norm, die auf Gedeih und Verderben erfüllt werden muss, um den überlebenswichtigen Lohn tatsächlich zu erhalten: ein gutes Pfund Brot und eine Mittagssuppe, deren Substanz nicht zu definieren ist, denn sie hat keine. Oft bleibt der Lohn aus. Die geschwächten Männer brechen immer wieder zusammen, viele bleiben einfach auf dem gefrierenden Boden liegen. Der Sanitäter müht sich um die Betroffenen, argwöhnisch von den Aufsehern beobachtet, denn überall lauert in ihren geschärften Augen Sabotage. Doch die vermeintlichen Simulanten sind am Ende ihrer Kräfte, sie sterben oder werden von den Kameraden auf das pure Holz ihrer Pritschen gebettet und mit dem Mantel zugedeckt.

Dort bleiben sie notdürftig versorgt liegen. Durchfall und Wassersucht grassieren, die Gelenke an Armen und Beinen schwellen an, die schmalen Gesichter sind entstellt.

Kohletabletten, die die Gefangenen selbst fabrizieren, mildern von Fall zu Fall das Leiden. Hinzu kommen weitere hygienische Katastrophen. So knacken die Männer in der spärlichen Freizeit Läuse, die in den verdreckten, zerschlissenen Wehrmachtsklamotten über die Gefangenen herfallen. Und doch scheint es weniger die nicht vorhandene Hygiene zu sein, die die unfreiwilligen Holzfäller mit Krankheiten überfällt. Es liegt in erster Linie an der Unterernährung bei schwerster körperlicher Herausforderung. Davon sind die Männer überzeugt.

Der russische Winter naht. In breiter Front werden die Arbeitskräfte mit Uniformen der Roten Armee neu eingekleidet. Heruntergekommene Wintermäntel, Unterwäsche aus hartgewordener Baumwolle, dazu die schon zu Zarenzeiten genutzte Gymnastjorka, eine Mischung aus Hemd, Jacke und Pullover. Schnürstiefel mit spröde gewordenen Senkeln, die mehrfach neu verknotet werden, sowie eine Mütze mit Ohrenklappen und nach oben gezogener Spitze komplettieren die Neuausrüstung.

Ernst und Erich stellen später in der wiedererlangten Freiheit viele Übereinstimmungen bei der gemeinsamen Rückschau auf die Jahre der Gefangenschaft fest. Dennoch erfährt die Familie wenig aus diesem Lebensabschnitt, und wenn das Gespräch dann doch auf die Jahre in Russland kommt, verstummen Vater und Sohn nach kurzem Erfahrungsaustausch immer wieder. Sporadisch berichten sie von der einerseits demütigenden, jedoch andererseits so einfachen und effektiven Gesundheitskontrolle, die in der Mehrzahl von russischen Ärztinnen in Uniform vorgenommen wird. Diese kneifen die Haut an den Armen, an der Brust und auch am Rücken. Bleiben die Hautfalten stehen, so wissen Ärztin und Gekniffener, der Mann ist unterernährt. Glättet sich die kleine Wulst schnell, ist der Gefangene gesund und voll arbeitsfähig. Die stehende Hautfalte bringt den Untersuchten ins Ruhekommando und bedeutet in der Regel zugleich vier Wochen bessere Ernährung.

Und so entdeckt der fast verhungerte Erich Fleischbrocken in der Mittagssuppe. Er isst mit Freude, löffelt, kaut, schluckt. Als die Köche ihm später aus der Küche kommend hämisch lachend einen abgeschlagenen Katzenkopf zeigen, übergibt er sich und bricht bewusstlos zusammen. Ein Scherz oder eine Ernährungsalternative an diesem Ort, in jener Zeit? Niemand weiß es, doch das schreckliche Bild brennt sich in das historische Gedächtnis der Erzählenden wie der Hörenden ein. Viel tiefer, als es die eher knappe Schilderung der eisig kalten Temperaturen zwischen November und Mai in der russischen Weite vermag. Die Bertholds sind Ostpreußen, und wenn das Thermometer unter minus 30 Grad fällt, läuft man in Königsberg immer noch auf den vereisten Wasserflächen Schlittschuh. Und nun schlagen und sägen sie bei nahe minus 50 Grad eben Bäume, von denen nicht wenige im Fallen jene Kameraden erschlagen, die nicht schnell genug in die richtige Richtung zu fliehen vermögen, wenn der Baum zu Boden kracht. Dabei ist der Stamm am Erdboden vom Schnee befreit, dort wird gesägt, nachdem mit der Axt die Kerbe für die Fallrichtung geschlagen ist. Doch die Äste verfangen sich nicht selten in den Nachbarbäumen, der fallende Riese ändert die Richtung und bringt zumeist den Tod.

Man birgt den Erschlagenen, nutzt eine selbstgefertigte Trage aus Zweigen und Ästen, zwei, drei Finger in den durchlöcherten Handschuhen laufen beim Tragen durch das Gestrüpp blau und schwarz an, sie erfrieren. Eine Salbe des Sanitäters hilft, sodass mit etwas Glück Monate später die schmerzende Hand des Leichenträgers wieder gesund ist. Und immer wieder werden neue Verlegungen des Lagers angeordnet und durchgeführt, immer wieder verbunden mit Durchsuchungen, Gesundheitskontrollen und obligatorischen Zählappellen. Letztere verlaufen zumeist fehlerhaft und werden für eine gefühlte Ewigkeit ausgedehnt, bis die vorgegebene Zahl der Inhaftierten endlich und doch nur scheinbar stimmt. Vergängliche Zeit einer zermürbenden Ruhe für die stoisch auf dem Appellplatz ausharrenden Überlebenden.

Kapitel 10: Mädchen, Mädchen

„Nein – Du zuerst!" Meine Cousine Marianne, die ich gerade geheiratet habe, lange vor meinem Schuleintritt, ist in diesem Moment sehr fordernd. Und so ziehe ich meinen Ehering, eine Zigarrenbauchbinde, die Opa Ernst spendiert hat, vom rechten Ringfinger und schaue auf die kleine Glasschüssel. Darin befindet sich ein Häufchen aus Mehl, Zucker, Ei, Zimt und Hustensaft. Diese Zutaten soll ich zu einem Teig kneten, der später zu unserem Hochzeitskuchen gebacken werden soll. Es duftet nach Thymian und Zimt, die bescheidene Masse quillt durch die Zwischenräume meiner kleinen Finger. Mäusi – so nennen wir Marianne alle – lacht, sie ist zwei Jahre älter und viel klüger als ich. Es ist ihr gelungen, mich zu überzeugen, für die Rettung unserer kurzen Ehe etwas zu tun, was dem Männerbild der frühen 50er-Jahre gänzlich widerspricht. Ich habe Mäusi lieb. Sie bringt mir das Lesen bei, wir spielen auf dem Hof Federball und üben kleine Theaterszenen, die wir unserer großen Familie Ostern, zu den Geburtstagen und Weihnachten vorspielen. Meinen größten Erfolg habe ich dabei als Osterhase, dem die Frühlingsgöttin, also Mäusi, zuruft: „Hase! Ich habe dich ein Jahr vermisst!" Ich antworte improvisierend: „Ja. Ich bin auch schon ganz vermistet." Tante Friede, Mäusis Mutter, ist danach vor Lachen nicht mehr zu halten. Ich werte das als Erfolg bis auf den heutigen Tag. Das Wortspiel selbst ist sicher nicht so stark, aber Tante Friede lacht sonst nicht so viel und dieses Lachen bleibt unvergessen.

Onkel Hubert baut seinen Töchtern ein Puppenhaus. In die beiden Stockwerke stellt er kleine Möbel, darunter einen Nierentisch, der mich in seinem Schwung bis heute beeindruckt, beleuchtete Weihnachtsbäume, und er legt Teppiche hinein. Mit niedlichen Puppen und viel Fantasie spielen Mäusi und Christa lebendige Geschichten. Ich darf aus Knete ein paar Lebensmittel basteln. Am besten gelingt mir dabei die Blutwurst. Sie macht mir auch am meisten Freude, wenn ich kleine weiße Knetpünktchen auf die rotbraune Innenfläche drücken darf. Christa zieht sich dann aber bald zurück, denn sie ist ja doch schon ein junges Mädchen mit anderen Interessen, und da in der Villa Bruhn der Riese Peter Dräger wohnt, der ein Auge auf meine hübsche Cousine geworfen hat, werden diese Interessen bedient. Dabei handelt es sich allerdings nur um das Nachspielen von „Kabale und Liebe“ auf dem großen Hof von Knieperdamm 10. Christa ist Luise, Peter der Ferdinand. Mäusi verwandelt sich in Wurm, den bösen Sekretär des Präsidenten von Walther, und ist auch in dieser Traumrolle nicht zu übertreffen. Ich möchte mit Michael Bruhn einen Wachtposten spielen, der aber bei Schiller nicht vorkommt. Wir halten trotzdem Wache und merken erst viel später, dass Ferdinand und Luise längst in der Brunnenaue verschwunden sind, um Englisch-Greif zu spielen. Dabei muss der Erwischte und somit Abgeklatschte seine Hand genau auf die Stelle halten, an der er getroffen wird. Für den oder die, welche nun an Fuß oder Knie berührt wird, ist das beim Fangen dann ein Problem. Mit der Hand an der Ferse ist es kein leichtes Jagen.

Mäusi und ich spielen auch Schule. Sie hat akribisch kleine Hefte gebastelt. Mehrere filigran zurechtgeschnittene Seiten werden von ihr mit Nadel und Faden geheftet. Die Lehrfächer sind Schreiben und Lesen, Rechnen und Malen. Die Schüler heißen Matthias und Andreas. Matthias ist Mäusis zierlicher hellgrauer Teddy, Andreas rufe ich meinen dunkelbraunen Riesenteddy mit gelber Schleife. Matthias wird von Mäusi seit Jahren täglich intensiv gefüttert. Deshalb hat er unterhalb seines Schnäuzchens einen schwarz-silbrig glänzenden Fettfleck, der zu jeder Mahlzeit wieder berührt wird. Dass Mäusi mir in der schulischen Erfahrung zwei Jahre voraus ist, lässt sie mich selbst nicht spüren, aber Andreas leidet unter den Dreien, die sie ihm gibt, während Matthias mit einer Eins nach der anderen leuchtet, dass sein Schnäuzchen nur so glänzt. Da ich das als ungerecht empfinde, führe ich kurzerhand das Fach Sport ein, und weil Matthias mit seinem vollen Magen dem bärenstarken Andreas nichts entgegenzusetzen hat, verteile ich ihm eine 4, wonach von Mäusi die Schule geschlossen und die Ehe beendet wird.

Aber Mäusi ist mir wie eine Schwester ans Herz gewachsen. Wenn ich mit meinen Eltern verreise, zu Oma nach Schwerin oder in Urlaub nach Vitte auf Hiddensee, fehlt sie mir. Und während der 14 Tage auf der Insel sitze ich jeden frühen Abend am Bodden und sehe unter Tränen schemenhaft in der Ferne die Silhouette von Stralsund.

Schillers Bürgschaftsfinale „Ich sei, gewährt mir die Bitte, in Euerm Bunde der Dritte“ wird mit Blick auf meine beiden Cousinen brisant. Onkel Hubert hat seiner Familie einen Fernsehapparat gekauft. Ein Standgerät mit Korbgeflecht unter dem kleinen Bildschirm. Es ist ein Sonnabend, als ich mit Mäusi und Christa zum ersten Male Meister Nadelöhr, Bummi, Schnatterinchen und Meister Briefmarke in Schwarz, Weiß und Grau flimmernd auf der Mattscheibe sehe. Und dann heißt es „Eins, zwei drei – ein Märchen schnell herbei…“ Und ich sehe die ersten Trickfilme meines Lebens. Viel zu schnell ist alles vorbei.

Zwischendurch verschwindet das Bild, schwarze Streifen ersetzen die Figuren. Onkel Hubert greift nach kleinen Rädern unter dem Bildschirm und bringt das Bild wieder zurück. Christa sagt: „Morgen um 10 kommen Flax und Krümel und Struppi!“

Ich werde ein Fernsehfreund. Die ganze Familie versammelt sich, wenn es am Montagabend heißt: „Für den Filmfreund ausgewählt“. Dann sehen die Erwachsenen ihre Idole – Hans Albers und Heinz Rühmann, Rene Deltgen und Harry Piel, Marika Rökk, Johannes Heesters, Paul Kemp, Fita Benkhoff, Hans Söhnker, Theo Lingen, Hans Moser… Sie schwärmen von den Filmen der 30er-und-40er-Jahre… Und von EINEM ganz besonders: „Die Feuerzangenbowle“… Und es kommt der Tag – Montag 20 Uhr… Ich habe meinen Platz in Tante Friedes und Onkel Huberts Wohnzimmer eingenommen – ich sitze unter dem großen Esstisch zentral im Raum und schaue auf die letzten Bilder der „Aktuellen Kamera“… Die Programmsprecherin schmunzelt ihre Ansage über das Bild, das plötzlich für immer verschwindet… Stromsperre… Sie kommt in den 50er- und 60er-Jahren häufig… Doch ausgerechnet beim Montagabendfilm? Ich bin unglücklich. Nun werde ich diesen Film, über den ich so viel gehört habe, niemals sehen.

Meine Cousinen entwickeln mit Beginn fester Fernsehzeiten ein außergewöhnliches Reinheitsbedürfnis. Vor allem samstags, wenn um 20 Uhr eine „bunte Sendung“ auf dem Programm steht. Etwa eine Dreiviertelstunde vor Beginn von „A, B oder C“, ein Angebot, in dem gerätselt, gesungen und getanzt wird, wo es Artistik gibt und die Herren Preil und Herricht unvergessene Sketche präsentieren, tragen Tante Friede und Onkel Hubert eine große Zinkbadewanne ins Wohnzimmer und stellen diese rechts vor dem Fernsehgerät auf ein breites Wachstuch. Dann baden Mäusi und Christa gemeinsam, als gelte es, sich den Schmutz mehrerer Jahre von der Haut zu waschen. Ich weiß es, sie lachen sich kaputt, wenn ich pfeifend auf dem Flur unserer großen Wohnung auf und ab gehe, um Signale zu setzen, dass ich die bunte Sendung sehen möchte. Irgendwann nach halb neun sind sie abgetrocknet und duften nach frischem Eukalyptus-Badezusatz. Jetzt habe ich Zutritt und die Mädchen tun gekonnt so, als sei die Welt völlig in Ordnung, obwohl mir der Auftritt der Sängerin Bärbel Wachholz oder ein Doppelsalto der ersten Artistennummer vorenthalten wurde.

Wenig später werde ich entschädigt. Im DDR-Fernsehen läuft ein westdeutscher Film des Regisseurs Helmut Käutner – „Schwarzer Kies“. Die Stromsperre bleibt aus. Der Film ist „ein durchschnittlicher Kriminalfilm mit einer langweiligen Polizei“, wie die Filmkritik ihn beurteilt. Doch dann das: Die bildhübsche Schauspielerin Anita Höfer in der Rolle der Elli wird von einem bösen Mann geschubst. Sie stürzt rückwärts gegen eine Wand, an der sie runterrutscht. Und für einige Sekunden wird ihre wunderschöne Brust sichtbar. Die Freiwillige Selbstkontrolle der Filmwirtschaft hat den Film Anfang 1961 mit 18 Jahren freigegeben. Niemand in der Familie sagt während dieser Szene etwas. Als ich nach dem Film unter dem Tisch hervorkomme, höre ich Tante Friede flüstern: „Oh Gott, der Harald…“ Es bleibt ruhig nach diesem Fernsehabend.

Am nächsten Morgen in der Schule tauschen wir uns aus – nur zwei weitere Mitschüler haben den Film sehen dürfen. Der kräftige Wolfgang Dillmann, in dessen Wohnung wir auf der Toilette Zigaretten rauchend mehrfach von Oma Dillmann erwischt werden, und Rainer Schöning natürlich. Wolfgang hat sehr große Augen. Und wenn er sie jetzt hochroten Gesichtes bei der Wiedergabe der erotischen Szene rollt und dabei seltsame Laute von sich gibt, wirken sie auf mich wie bei einer Begegnung mit dem Kraken im nahen Meeresmuseum Stralsund. Wobei Kraken nicht so unglaublich große Zähne haben. Im Gegensatz zu Wolfgang, der nach acht Jahren die Schule mit der 6. Klasse abschließt. Unser Filmerlebnis spricht sich herum. Unter den Jungen der Klasse erreichen wir Heldenstatus. Die Mädchen wollen es der Klassenlehrerin melden. Nicht alle, aber eine ganz besonders: Waltraud Mähl. Die Natur hat sie nicht so gesegnet wie die Schauspielerin Anita Höfer. Waltrauds Wortschatz ist begrenzt, aber mit ihrem dauerhaften „Das sag ich“ versetzt sie den Rest der Klasse stets in Angst und Schrecken.

In jenen Tagen wird unsere Klasse durch eine neue Mitschülerin zahlenmäßig und in all meinen Sinnen bereichert – Gisela Freytag. Kastanienbraunes dichtes Haar, dunkelbraune Augen, pfirsichsamtene Haut. Und da die Freytags aus Schleswig-Holstein kommen, um in Stralsund zu bleiben, haben sie auch ihre wunderschöne Garderobe mitgebracht. Gisela ist in bunten Strickvariationen und unzähligen Jeans an jedem Tag eine neue Entdeckung, ein vages Ziel in unerreichbarer Ferne. Ich versuche, ihre Aufmerksamkeit zu wecken, gebe mal den Klassenclown, mal den überintelligenten Besserwisser – in beiden Fällen merke ich, wie meine Erfolgschancen gegen Null gehen und somit dort verweilen, wo sie von Anfang an sind. Gisela entfacht meine Fantasie, ich denke mir Geschichten aus und notiere sie in dicken Schulheften. Ich befreie sie in kühnen Gedanken aus mannigfaltigen Gefangenschaften, natürlich hat Reiner Schöning wieder seine Finger im Spiel, ebenso wie zwei Jungen aus der Klasse über uns – Herrmann und Quade, die mit dem Vorsprung eines Jahres längst entdeckt haben, welcher Edelstein da zu uns gestoßen ist. Gisela ist nicht die einzige, aber die erste große Liebe, die nichts von meiner Zuneigung ahnt. Zwar war ich bereits vor der Schulzeit mit meiner Cousine kurz verheiratet und habe mich auch Erika Peetz bereits in der ersten Klasse genähert, die durchaus zur Hochzeit bereit ist, unter der Bedingung, dass ich ihr Brautschuhe schenke. Ich verspreche es ihr, indem ich an den Fundus des Stralsunder Theaters denke, aus dem mir Mama oder Papa ein paar goldene Schuhe besorgen könnten. Erika entdeckt schnell, dass die Schuhe erstens gebraucht, zweitens zu groß sein werden. Damit hat sich auch diese kurze Ehe bereits vor ihrer Schließung erledigt. Mit Wehmut denke ich an Erikas armdicke Zöpfe, die jedem Vergleich mit Rapunzel standhalten. Aber ihre durchdringend tiefe Stimme, die sich mit einem langsamen Redefluss seltsam paart, lässt meine ehrlichen Absichten rasch erkalten. Außerdem bleibt Gisela das Maß aller Mädchen. Als sie für längere Zeit nicht zur Schule kommt, mache ich mir Sorgen. Welche Krankheit wagt es, mir Giselas Anblick vorzuenthalten?

Endlich ist sie wieder da. Auf dem Schulhof spielen wir Steinschubsen mit den Füßen in vorgezeichneten Feldern, eine Art Tennis ohne Ball. Gisela bewegt sich langsam, und sie ist blass. Reiner Schöning, der frühreifste Mensch, der mir jemals begegnet, vermutet: „Schwangerschaft.“ In der vierten Klasse. Meine Erleichterung ist dennoch groß, als ich erfahre, dass man ihr nur die Mandeln entfernt hat.

Als sie bei Schulschluss ihre hellbraune Ledertasche mit Heften, Büchern und der Federtasche packt, fasse ich all meinen Mut zusammen, blicke mich um und sehe, dass alle Kinder mit sich selbst beschäftigt sind. Und so nähere ich mich Gisela, sehe von hinten den durch ihr Bücken nach vorn vom braunen Haar freigelegten Hals und hauche ohne jede Berührung einen geräuschlosen Kuss auf sie, den sie nicht bemerkt. Zeitgleich ruft Waltraud Mähl: „Das sag ich!“

Kapitel 11: Ende der vierziger Jahre - Gefangenschaft

Die Winter und Sommer in der sibirischen Gefangenschaft vergehen, der Herbst färbt die Wälder, lässt Bäume und Blätter fallen, die jeder neue Frühling wieder grün anmalt. Die Lager wechseln ebenso, wie Wanzen und Flöhe jetzt die Läuse ablösen. Doch die bescheidene Kleidung der Arbeiter wird nun regelmäßig gereinigt. Hinzukommen leichte graue Wattejacken, Schnürschuhe aus grauem Segeltuch, deren Gummisohlen aus Abfallstücken geschnitten werden. Es gibt statt Suppe Buchweizengrütze, und wem die eine Portion nicht ausreicht, bekommt eine zweite. Die Stimmung ändert sich spürbar. Die Sintflut des Leidens weicht der Sicht auf Land. Heimatland. Die ersten Kameraden können ihr Glück noch nicht fassen – es geht nach Hause. Erich, der inzwischen auf einer Kolchose in allen Bereichen der Landwirtschaft eingesetzt wird, gehört zu den ersten Heimkehrern. Auch Ernst wird regelmäßig zur ärztlichen Inspektion gerufen, bekommt nach Reinigung und Entlausung saubere Wäsche und hofft wieder und wieder, zu den Glücklichen zu gehören. Doch mal sind es Spitzel in den eigenen Reihen, die „Sängerknaben“, wie sie verachtet von den Kameraden genannt werden, die um die eigene Haut zu retten, Geschichten über den Feuerwehr-Leutnant erfinden oder seine Worte aus vertraulichen Gesprächen mit den Leidensgenossen an die Bewacher weitergeben.

So erscheint es den Sowjets von Fall zu Fall verfrüht, den ostpreußischen Mittfünfziger nach Deutschland zurückzuschicken. Und immer wieder ist es der „Vogel in der Achsel“, die Blutgruppen-Tätowierung, die ihm erneut zum Verhängnis wird. Denn die Kontrolleure wechseln, ihr verständlicher Hass ist mal mehr, mal weniger ausgeprägt. Doch Ernsts Harren und Hoffen wird belohnt, nach fünf Jahren Gefangenschaft fährt er im Güterzug durch die Weiten Russlands Brest-Litowsk entgegen, der Grenzstation zwischen Polen und der Sowjetunion. Angstvoll und hoffend dem Herzstillstand nahe, übersteht er auch die gefürchtete letzte Kontrolle vor der Freiheit und erreicht in Stralsund am Knieperdamm seine veränderte Familie und ein neues, ein geteiltes Deutschland.

Die Töchter sind verheiratet. Ernst nimmt sein inzwischen vierjähriges Enkelkind auf den Schoß, versucht auch lächelnd die Geschichte und die Geschichten, die ihn so unmittelbar berühren, zu begreifen und schüttelt immer wieder den Kopf, auf dem schon in jungen Jahren kaum ein Haar zu entdecken ist. Und wenn dann doch im Nacken oder aus der Nase kleine Härchen sprießen, greift sein Annchen zu einem manuellen Haarschneider aus Edelstahl, einer Kombination aus Schere und

Rasierkopf mit kleinen scharfen Schneidezähnen, deren schnelles klickendes Zubeißen Glatze, Kinn und Nacken für ein paar Tage nahezu Stoppelfreiheit garantiert.

Elfriede findet Arbeit als Sekretärin im ehemaligen Wertheim-Kaufhaus, das jetzt „Konsum" heißt, dort in der Ossenreyerstraße, wo Hubert für das Möbelsortiment mitverantwortlich ist. Die Großeltern kümmern sich tagsüber um die kleine Christa.

Und auch Edeltraud erwartet ein Kind. Nur drei Wochen nach Gründung des ersten Arbeiter-und-Bauernstaates – so will sich die junge DDR ins historische Gedächtnis der neuen Zeit einbrennen – hat sic ihren Günter geheiratet. Sie sieht ihn auf der Theaterbühne und nimmt sich fest vor – DEN will ich haben… schwarzhaarig, schlank, verträumte Augen, so steht er auf dem Proszenium und blickt ins Publikum, entdeckt Helga und – Edeltraud… Die Liebe auf den ersten Blick – ja, es gibt sie…

Sie wartet abends nach der Vorstellung am Bühneneingang, er kommt auf sie zu und sie werden nie wieder voneinander lassen. Seine gepflegten Hände sind es, die Edeltraud zuerst und immer wieder erwähnt, wenn sie gefragt wird – warum gerade der? Es werden jene Hände bleiben, die ihr einem Friedhofsgrab entrissene Stiefmütterchen nach der Geburt des zweiten Kindes auf das Nachttischchen des Krankenhauses samt erdiger Wurzeln legen und ganz zuletzt ihre eigene Urne aus dem frischen Grab zerren und voller Verzweiflung nicht mehr loslassen wollen.

Günters Heiterkeit, seine Gabe, jede gesellige Runde in Hochstimmung zu versetzen, seine Großzügigkeit und Nächstenliebe faszinieren das junge Mädchen. Die Bertholds trauen dem Sänger nicht über den Weg. Das einzige, was sie zu wissen glauben, ist, dass Theaterleute die Wäsche von den Leinen stehlen und auch darüber hinaus ein unmoralisches Leben führen. Erich und vor allem Bruno ist die Aussicht auf den neuen Schwager hingegen ein Lichtblick. Die jungen Männer treiben gemeinsam Sport, spielen Feldhandball in einem der neuen regionalen Vereine, und selbst Hubert entdeckt eine ganz neue Seite seiner Seele und spielt mit.

Günter sorgt dafür, dass Bruno Arbeit an der Volksbühne erhält – zunächst als Bühnentechniker, später als Beleuchter und Tonmeister. Hier lernt der junge Berthold seine Eva kennen, eine Tänzerin, die er vom Fleck weg heiraten will und es alsbald auch tut. Die zukünftige Schwiegermutter ist entsetzt, denn bei der ersten gemeinsamen Unternehmung – einem Theaterbesuch, zu dem Bruno eingeladen und sich vorher kräftig Mut angetrunken hat – schläft der Verliebte im Zuschauerraum schnarchend an der Seite der Frau Hoth ein, während Evchen auf der Bühne tanzt. Doch es tut der jungen Liebe keinen Abbruch, wenngleich die Geschichte zum Standardunterhaltungsprogramm späterer Familienabende gehört. Bruno hat inzwischen eine eigene Wohnung in der Schillstraße unweit des Stralsunder Hafens. Bald erwartet Eva Zwillinge. Einer stirbt schon vor der Geburt, Ralph überlebt und wird als geistig und körperlich behinderter Junge zum geliebten Zentrum des Lebens für Evchen und Bruno. Noch vor dem 17. Juni, dem heißesten Tag des Volksaufstandes 1953, packen sie ihre wenigen Habseligkeiten und fliehen in den Westen nach Ibbenbüren.

Im Bergwerk baut Bruno fortan Steinkohle ab, bewirbt sich nach einigen Jahren unter Tage am Theater Hannover und beginnt dort seine Laufbahn als Tonmeister. Evchen gibt das Tanzen auf und kümmert sich um den kleinen Ralph.

Auch Erich kehrt zunächst dem Knieperdamm, dann dem Osten in dieser Zeit den Rücken. Edith ist in sein Leben getreten, eine erheblich ältere Frau, von der Anna und die Schwestern sagen, sie könnte schon rein äußerlich seine Mutter sein.

Und genauso behandeln sie Erichs Liebe. Sie tun ihr Unrecht. Edith ist eine tüchtige Hausfrau, die alles versucht, um Erich in seiner beruflichen Laufbahn zu unterstützen. Sie finden in der Blütenstadt Leichlingen im Rheinland ihr neues Zuhause. Edith betreut hier Hausstand und schon bald rührend die gemeinsamen Töchter, erst Sabine und dann Gerlinde, die sich später fleißig als Historikerin und Zahnärztin bei den Eltern für die Fürsorge bedanken werden. Der Postbeamte Erich hat die Lektion der Bertholds zunächst protestierend verarbeitet, widmet sich aber fortan intensiv jüngeren Frauen.

Kapitel 12: Ende Juni 1960 und davor

Ich stehe vor der größten Reise meines Lebens. Meine Eltern haben auf Einladung von Tante Susi und Onkel Heinz in Benninghausen die dreiwöchige Reise bei den zuständigen Behörden in Stralsund lange – wie man sagt – „eingereicht“ und warten auf die Genehmigung. Schon seit dem Herbst des Jahres 1946 muss jeder Reisende, der in eine andere Besatzungszone fahren will, einen Interzonenpass besitzen.

In der sowjetischen Besatzungszone gilt schon in jenen Nachkriegsjahren eine solche Reisegenehmigung als ungewöhnlicher Glücksfall. Nur nach West-Berlin kommt man noch nahezu ungehindert. Der rigide sozialistische Kurs des Arbeiter- und Bauernstaates, der im Juni 1953 zum Volksaufstand im deutschen Osten führt, sorgt dafür, dass allein zwischen 1954 und 1957 von jährlich 2,5 Millionen Reisenden ins Bundesgebiet fast die Hälfte der Menschen im Westen bleibt. Der selbst ernannte bewussteste Vortrupp der Arbeiterklasse, die SED, beginnt ernsthaft seine Bürger einzuzäunen. Schon im Sommer 1957 dürfen keine Oberschüler, Studenten und Angehörige der SED-Jugendorganisation Freie Deutsche Jugend in die Bundesrepublik fahren. Die Schuld gibt man einmal mehr dem Klassenfeind, der die Elite des Ostens systematisch abwirbt. Auch das gibt es – aber allen, die drübenbleiben, ist gemeinsam: Sie wollen frei sein. Sie haben von Diktatur die Nase endgültig voll.

Papas Schwester Susi, die eigentlich Waltraud heißt, hat 1956 den fast zwei Meter langen Spediteur Heinz in Schwerin kennen gelernt. Sie selbst ist gleichfalls eine großgewachsene Frau, die mit Heinz auf den Bauernhof ihrer zukünftigen Schwiegereltern gelangt. Die zwei heiraten und bald erblickt die gemeinsame Tochter Susanne dort in Benninghausen das Licht der Welt.

Ich freue mich auf meine knapp dreijährige Cousine. Doch wir sind uns noch nicht sicher, ob es mit unserer großen Reise auch tatsächlich etwas wird. Es ergibt sich auch rein organisatorisch die Notwendigkeit, dass der Reisebeginn einige Tage vor der Zeugnisausgabe festgelegt ist. Meine Eltern müssen für die Fahrt in den Westen die Einverständniserklärung des Schuldirektors, Herrn Gotter, und meiner ersten Klassenlehrerin, Frau Paduck, einholen.

Herr Gotter sieht äußerlich dem einstigen Hamburger Arbeiterführer Ernst Thälmann mit seiner glänzenden markanten Glatze und den zu Fäusten geballten Händen zum Verwechseln ähnlich, und das weiß und nutzt er auch. Frau Paduck ist eine alleinstehende, stets älter wirkende Frau, die mit ihrer Tochter Annette Mitte der 50er-Jahre aus Hamburg nach Stralsund gekommen ist. Auch das gibt es. Papa nennt sie „die Märchentante", was aber unseren Respekt vor der sich stets geheimnisvoll geduckt bewegenden Frau nicht mindert. Daran ändert auch die von älteren Jahrgängen überlieferte Legende nichts, dass der von ihr entbotene Guten-Morgen-Gruß von der Klasse über uns mit einem fröhlichen und mutigen „Guten Morgen, Frau Paduck…duck…duck…duck" erwidert wurde. Sie ist eine strenge und gebildete Frau, die vom ersten Schultag damals in der Hainholzstraße an, über mir ihre schützende Hand hält und dennoch klar ausdrückt, was ihr an meinem Verhalten und meiner schulischen Leistung nicht gefällt. Da steht dann auch auf dem Zeugnis in Betragen eine 3. Für meine Eltern so etwas wie der Totalverlust menschlichen Anstands.

Aber in jenen frühen Schuljahren fliegen nicht nur unbeabsichtigt treffende Steine, sondern auch die Fäuste, mit denen ich mir höchste Anerkennung unter meinen Mitschülern zu erwerben suche. „Harald beteiligt sich rege am Unterricht. Ebenso rege aber auch an gelegentlichen Prügeleien.", so ist es auf dem Zeugnis im Februar 1960 zu lesen. Nach dieser Beurteilung stellt mir mein Papa das Ultimatum: „Wenn du zu Tante Susi mitkommen willst, muss im Abschlusszeugnis Klasse 2 eine 1 in Betragen stehen." Ich befinde mich vor einer schier unlösbaren Aufgabe, denn in dieser Zeit bietet jeder Tag eine Herausforderung, die den Namen „Reiner Schöning“ trägt.

Im nahen Frühling kommt es zur Entscheidung für lange Zeit. An einem noch sehr kühlen Tag setze ich meine von Mama gestrickte weiße Pudelmütze auf. Die drauf installierte Bommel ist zugegeben groß. Sehr groß. Zumindest so groß, dass sie zunächst zum Gesprächsthema, wenig später zum Anlass genommen wird, mich in den Pausen und nach der Schule zu verhöhnen. Ich halte mich zurück. Aus Liebe zu Mama. Und weil ich in den Westen fahren will und die Konsequenzen einer schlechten, unausweichlich kommenden Betragensnote kenne, wenn ich mir einen der Lacher – ausgenommen Dieter Ritter – greifen und gelegentlich niederstrecken würde.

Vielleicht bleibe ich auch ruhig, weil die Bommel ja tatsächlich sehr groß ist. Doch Reiner Schöning belässt es nicht nur bei Heiterkeitsausbrüchen. Er sprintet auf mich zu, reißt mir die schneeweiße Mütze vom Kopf und wirft sie auf den Kohlenhaufen neben der Turnhalle.

Tage zuvor hatte ich in einem kleinen Kino namens „Kammerspiele“ den sowjetischen Film „Der Mameluck“ gesehen. Kindesraub im grusinischen Gewand. „Mameluke“ bedeutet auf Arabisch „weißer Sklave“. Kvicha und Gocha, zwei Freunde, werden von Menschenhändlern geraubt und in die Sklaverei verkauft. Kvicha verschlägt es nach

Ägypten, Gocha kommt über Venedig nach Frankreich. Jahre später begegnen sie sich als Führungskräfte feindlicher Heere am Fuße der Pyramiden wieder. Der junge Napoleon Bonaparte und Ägyptens Herrscher Ali Bei treffen hier in der Wüste aufeinander. Gocha, jetzt in hoher französischer Offiziers-Uniform, erschießt in vorderster Linie einen Mitkämpfer des Mamelucken Kvicha, der es auf ägyptischer Seite als unbesiegbarer Held und Frauenschwarm zu Ruhm und Ansehen gebracht hat. Kvicha reitet von Schmerz und Rache erfüllt auf Gocha zu und trifft ihn mit dem Säbel. Von seinem Pferd in den Wüstensand fallend, ruft der französische Offizier auf Grusinisch: „Vai Nana“… „Oh, Mutter!“ Und der Mameluck erkennt in ihm jetzt und zu spät den sterbenden Freund aus seiner geraubten Kindheit. Ich liebe diesen Film. Ich liebe Kvicha. In einer frühen Szene stellt er sich als kleiner Junge schnell und gewandt boxend einem scheinbar überlegenen Gegner. Und sein Blick dabei beeindruckt mich. Die Augen in blitzende Schlitze verwandelt. Die prallen Lippen nach vorne gestülpt.

„Wie Harald guckt!“, bemerkt sogar Dieter Ritter. Damit ist klar, es gelingt mir nicht, den unbesiegbaren Kvicha in die Schlacht mit Reiner Schöning zu führen, auch wenn das Herz auf Rache sinnt. Mein furchteinflößendes Gesicht bringt mir in dramatischer Situation allenfalls ein paar Lacher und landet wenig später frontal im Kohlenhaufen. So komme ich verprügelt und verschmutzt zum Knieperdamm – „Vai Nana – oh, Mutter!“ Und mein Pech – Papa ist auch schon zu Hause.

Wenig später stehen Papa und ich bei Familie Schöning vor der Haustür. Papa will die Angelegenheit gleich draußen vor der Tür schnell und objektiv klären. Drinnen wird gefeiert. Nicht Reiners Sieg über den Mamelucken, davon weiß noch niemand etwas. Aber Grund zum Feiern gibt es bei Stralsunder Familien immer. Wir werden hereingebeten. Frau Schöning nimmt meinem Papa die weiße Pudelmütze aus der Hand, bewundert das Strickmuster und lobt die Riesenbommel. „Das trägt man jetzt so“, sagt sie kopfschüttelnd zu ihrem Reiner. Wir drei wissen, dass das gar nicht stimmt. Frau Schöning will die Mütze gleich in die große Wäsche nehmen, Papa wird an den großen Tisch der niedrigen Wohnung gebeten, ein Glas steht schnell bereit und der Versöhnung steht innerhalb weniger Minuten nichts im Weg. Mein Gesicht brennt, Papas Hals brennt auch, alle vertragen sich. Und nach dem vierten oder fünften Glas habe ich das Gefühl, sie lieben sich. Aber ich bin mit dem Ausgang der Schlacht zufrieden.

Reiner, der schon in der 3. Klasse nach der häuslichen Silvesterfeier mit einer Alkoholvergiftung ins Krankenhaus am Sund eingeliefert wird und dadurch unsere Bewunderung erlangt, entwickelt sich zu einem breitschultrigen ruhigen Mann, der bei einem eventuellen Casting für „Planet der Affen“ eine Hauptrolle erhascht hätte und ohne Maske eingesetzt worden wäre. Das meine ich gar nicht abwertend. Zwischenzeitlich boxt er im Halbschwergewicht der BSG Lok Stralsund und verliert nahezu jeden Kampf. Dafür gewinnt er das Herz von Heidrun Sitzler aus dem Knieperdamm 10. Für mich kein Schlag auf die Leber, sondern ein weiterer Stich ins Herz. So geht Reiner in der Villa Bruhn ein und aus. Die alleinstehende Frau Sitzler wohnt mit ihren Töchtern Gudrun und Heidrun im Hochparterre unter Gisela Treptow. Der ganze rechte Flügel des Hauses wird von hübschen Mädchen bewohnt. Während meines Studiums in den 70er-Jahren klingelt Heidrun bei uns und bittet mich, den in ihren Augen belesenen Literaturexperten, für sie einen Hausaufsatz im Rahmen der Analyse des Buches „Wie der Stahl gehärtet wurde“ von Nikolai Ostrowski zu verfassen. Thema: „Das Wertvollste, was der Mensch besitzt, ist das Leben.“ Sie sitzt mit einem strahlenden Lachen makelloser Zähne, ihrem kurzen Rock und den weißen Kunstlederstiefeln so nahe neben mir, dass ich statt der Romanhauptfigur Pawel Kortschagin sofort selbst den Stahl gehärtet hätte – und sei es in diesem Moment für die sowjetischen Freunde.

Ich verhelfe ihr zu der notwendigen Note. Doch hat diese außer der Überraschung des Deutschlehrers keine Folgen für ihr weiteres Leben, aus dem sie später freiwillig scheiden wird. Niemand weiß, warum.

Die Reise in den Westen rückt näher. Die Wahrscheinlichkeit, dass es klappt, auch. Als Kind habe ich das Gefühl, dass meine Fahrt über die Grenze nicht von Wilhelm Pieck und Walter Ulbricht, sondern viel mehr von Frau Paduck und Herrn Gotter abhängt. Wenige Tage vor dem geplanten Abfahrtstermin erlebe ich meine glücklichen Eltern, die außer sich vor Freude sind, dass wir tatsächlich losfahren können. „Nicht über Magdeburg, sondern über Lübeck. Da sind wir länger im Westen unterwegs.“, sagt Papa. „In Bad Kleinen steigen wir in den Interzonenzug. Vorher besuchen wir Oma in Schwerin.“ Von meinem Zeugnis und daran geknüpften Bedingungen spricht niemand. Dabei müsste es bereits geschrieben sein. Papa will es Tante Susi zeigen.

Und danach habe ich vielleicht einen Wunsch offen. Ich träume von einer Zündplätzchenpistole und Bananen. Einen Tag vor unserer geplanten Abfahrt findet ein Schul-Sportfest statt. Ich springe, werfe, sprinte und stehe schließlich vor einer traurigen Frau Paduck. Sie überreicht mir das durch eine grüne Plastikhülle geschützte Zeugnisheft mit den Worten: „Du hast in den Kopfnoten alles Einsen." Ich bin fast sprachlos und frage automatisch: „Auch in Betragen?"

„Ja, auch in Betragen. Alles Gute, mein Kind." Ich umarme die Welt, und in diesem Moment ist es Frau Paduck. Uns kommen die Tränen. Mir vor Freude, ihr – wie ich erst viel später erfahre – vor Schmerz. Sie glaubt, dass sie mich an diesem Tag ein letztes Mal sieht und nicht an einen nur etwa vierzehntägigen Urlaub im Westen des Jahres 1960.

Kapitel 13: Ende 1949 und später

Edeltraud hat ganz in Weiß ihren Günter im schwarzen aus dem Theaterfundus geliehenen Frack geheiratet. Sie erwartet, gerade 18 geworden, vor dem Traualtar in St. Nicolai ihr erstes Kind. Man rechnet in Stralsund die 9 Monate sehr genau, und so wird es im sonnigen Oktober 1949 Zeit für die Hochzeit einer anständigen Frau. Bereits Ende April meldet sich der Nachwuchs unter dem Herzen der Mutter. Soweit damals erkennbar, ein großes, lebhaftes Kind – ein Junge, wie die Hebamme überzeugt ist. Und sie beruhigt die junge Mutter, er wird sich Zeit lassen, der Knabe… Zwei Maientage unter Schmerz und Wehen gehen ins Land…die Nacht zum dritten Mai bricht an… „Es ist noch Zeit…es ist noch Zeit…“ Doch es ist höchste Zeit… Und es ist zu spät…

Als der kleine Junge – „Harald“ soll er heißen – mit seinen langen schwarzen Haaren stumm und kraftlos aus dem Mutterleib gezogen und auf das mit weißen Handtüchern bedeckte Badschränkchen gelegt wird, verlässt Edeltraud die so schöne nahe Vision eines Lebens zu dritt, die unter Schmerzen eine sich mehr und mehr entfernende Welt bleibt … Es ist in dieser Nachkriegszeit nicht ungewöhnlich, dass ein Baby die Geburt nicht übersteht. Und auch ein Tod der Mutter gehört in jenen Jahren nicht zu den großen Unwägbarkeiten des Lebens.

Dass ein Kind im Mutterleib erstickt – nein, das ist selbst unter den gegebenen Umständen unfassbar… Die Familie nimmt den Tod des Jungen nahezu stoisch hin… Ernst und Erich leben, die Frauen haben das Kriegsende überlebt, Edeltraud ist eine junge, kräftige Frau und kann auch weiterhin Kinder gebären… Demut und Gottvertrauen verdrängen Wut und Trauer. Ernst zimmert aus Holzbrettern einen kleinen Sarg und streicht ihn schneeweiß an.

Auf dem Friedhof St. Jürgen wird das Kind zur letzten Ruhe gebettet – kaum zwei Meter entfernt von der Grabesstätte des preußischen Freikorpsoffiziers Ferdinand von Schill, der im Kampf um Stralsund gegen die Napoleonische Fremdherrschaft sein Leben lässt und bis auf den heutigen Tag in Denkmälern und auf Erinnerungstafeln das Bewusstsein der Bürger dieser Hansestadt so ganz besonders prägt.

Die Grabplatte, unter der der enthauptete Körper beerdigt wird, trägt die Aufschrift: „Großes gewollt zu haben, ist groß. Er sank hin durch das Schicksal. Am Gestade liegt der mächtige Rumpf. Ward entrafft auch das Haupt, ist doch der Körper nicht namenlos.“

Die französischen Sieger senden den Kopf des getöteten Husaren an Napoleons Bruder, König Jerome Bonaparte von Westphalen, nach Kassel. Ferdinand von Schill – von ihm stammen die Worte: „Lieber ein Ende mit Schrecken, als ein Schrecken ohne Ende!“ – führt in den engen Gassen Stralsunds die entscheidende Schlacht und verliert gegen den übermächtigen Gegner. Auf der Flucht zum Stralsunder Hafen trifft ihn eine feindliche Kugel, er stürzt vom Pferd und stirbt von Bajonetten durchbohrt am 31. Mai 1809.

Kapitel 14: Stralsund Ende Mai 1952

Am 31. Mai 1952 bringt Edeltraud ihr zweites Kind zur Welt. Die jungen Eltern wollen diesmal alles besser, alles richtig machen. Keine Hausgeburt, sondern ärztliche Kompetenz. Das Stralsunder Krankenhaus am Sund gehört Mitte des 20. Jahrhunderts 14 Jahre nach Fertigstellung zu den besten medizinischen Einrichtungen seiner Zeit. Den Entwurf für das geplante Marine-Lazarett unmittelbar am Strelasund hat der Berliner Regierungsbaumeister Alfred Stieler vorgelegt. Noch steht hier die Lackfabrik des Kommerzienrates Becker, deshalb nennen die Stralsunder das Gelände „Beckers Park".

1935 verkauft die Geschäftsleitung das Gebiet an die Marine. Ein Jahr später wird gebaut. Nach weiteren zwei Jahren steht das imposante Gebäude, dessen Eisenbetonskelett den Blockbau auf dreiundfünfzigtausend Quadratmetern zusammenhält und von einer Fassade aus dunkelroten Oldenburger Klinkern geschmückt wird. Die über dreihundert Zimmer sind hell.

Durch die leichte Krümmung des gewaltigen Hauses und die ungewöhnlich großen Fensterfronten zeigen alle Patientenzimmer nach Süden. Bei sommerlichen Temperaturen wird es warm in den Räumen. Eine Klimaanlage gibt es noch nicht, aber die medizinische Ausstattung hält immer noch hohen Erwartungen stand und die Qualifikation der Mitarbeiter, deren Beste den Osten nach und nach verlassen, schafft Vertrauen.

Edeltraud hört nach schwerer Geburt die ersten Schreie ihres Jungen, sieht ihn sich winden, die zarten Schultern gegen den Hals erhoben, auf dem ein kleines haarloses blaurotes Köpfchen die geschlossenen Augen gen Himmel richtet. Dann wird es still.

Eine Schwester hat das kleine Wesen in Tücher gewickelt aus dem Kreißsaal gebracht. Die junge Mutter hat noch nicht die Kraft, um nachzufragen, warum ihr das Neugeborene nicht in die Arme gelegt wird.

Doch sie spürt die Unsicherheit, die ihr schon in jungen Jahren so gegenwärtig ist, die es auch der Angst leicht macht, ihre Gedanken zu beherrschen, ohne dass sie diese in Worte fassen kann. Sie wird in ein Einzelzimmer gebracht. Es ist ein früher Morgen. Die Sonne ist aufgegangen.

Leise öffnet sich die Tür. Durch den Spalt drängt sich Günter. Sein übermüdetes Gesicht strahlt Freude, Erleichterung, Demut nach durchzechtem Frühmorgen aus. Die Geburt des Stammhalters muss gefeiert werden in der Theaterkantine, die einmal mehr durchmacht. Blumen gibt es um diese Zeit nicht zu kaufen. Und so hat der junge Vater Stiefmütterchen von St. Jürgen mitgebracht, die zuvor in Blau und Lila ein frisches Grab geziert hatten. Von den Wurzeln krümelt dunkle schwere Erde. Er wird dem Besitzer die entnommenen kleinen Blümchen bezahlen. Jetzt sollen sie ein Zeichen des Lebens und der Liebe sein. Günter legt die Pflanzen behutsam auf den Nachttisch. Seine junge Frau findet in ihrer seelischen Erstarrung keinen Platz für Freude oder Entsetzen, Tadel oder Dankbarkeit. Er hat nur wenige Minuten, küsst sie, so sanft es nach mehreren hochprozentigen Runden geht, auf die Stirn und nimmt Edeltrauds angstvoll fragenden Blick mit auf den Flur vor dem in helles Licht getauchten Zimmer seiner jungen Frau.

Sie hebt den Arm zum Abschied, so wie sie es 39 Jahre später in genau diesem Hause tun und wenig später für immer einschlafen wird.

In einer weißen menschlichen Wolke nähern sich auf dem hallend knarrenden Krankenhausparkett vielfüßig Schritte. Es ist Visite. Der Chefarzt bittet den wartenden Vater mit ins Patientenzimmer. Der stellt sich neben das Bett ans Kopfende, wo Edeltraud vergeblich versucht, sich aufzurichten, während sie von der weißen Wolke eingerahmt wird, aus der die Stimme des Arztes mit wenigen Worten zu vernehmen ist: „Ihr Junge lebt. Und er kann überleben. Am rechten Oberarm allerdings ist ein Tumor vom Ellenbogen bis zur Schulter. Eine pulsierende hühnereigroße Geschwulst.

Wenn wir den Arm abnehmen, kann das Kind überleben. Nur dann."

Edeltraud schließt die Augen. Sie schüttelt auf dem großen weißen Kissen unter Tränen den Kopf langsam und sagt:

„Nein." Günter sagt nichts. Sein Blick erfasst den hellen Raum, die Stiefmütterchen, die Mutter seines Sohnes, dessen rechter Arm lebensgefährlich ist. Er hört das wiederholte bestimmte „Nein" seiner Frau, und er hört, wie sie hinzufügt: „Ich habe schon ein Kind verloren. Und jetzt bin ich die Mutter eines Krüppels! Nein. Nein, das kann ich nicht. Das will ich nicht." Und er hört den weißen Mann:

„Wir haben keine andere Möglichkeit, Ihnen und Ihrem Kind zu helfen. Wir lassen Sie jetzt allein. Morgen müssen wir gemeinsam eine Entscheidung fällen. Und denken Sie dran: Unsere Zeit kennt viele Krüppel. Das sind Menschen, die jetzt beginnen, ihr neues Leben ohne Arm oder Bein zu akzeptieren. Das war schon immer so. Soldaten, auch kleine Jungen, die beim Spielen mit Fundmunition schwerste Verletzungen überlebt haben. Ihr Sohn wird von Beginn an mit dieser Behinderung leben und gewiss gut zurechtkommen.

Geben Sie Ihrem Kind eine Chance. Wir werden Ihnen helfen."

Die weiße Wolke verlässt den Raum, in den nun ungehindert die Sonne auf zwei verzweifelte Menschen scheint.

Edeltraud ist noch nicht einmal 21 Jahre alt. Krieg und Verlust haben ihr junges Leben geprägt. Der Verlust der geliebten ostpreußischen Heimat, von der sie so viel und so gern erzählt. Ja – auch der Verlust ihrer Hühner, Kaninchen und der Schildkröte, die sie aus dem Puppenwagen anlächelt, wie sie sagt. Die Bedrohung durch Fliegeralarm, fallende Bomben und singende Sieger. Die Gefangenschaft von Vater und Bruder. Der Tod des ersten Kindes. All das will sie überwinden, sie ist bereit für ihr Kind, für ihre kleine Familie. Ernst und Anna räumen dafür eins ihrer zwei Zimmer, die von einer hohen quietschenden Schiebetür getrennt sind. Dahinter steht ein kleines Himmelbett. Genügend Platz für ein gesundes Kind mit zwei Ärmchen. Der Großvater hat es gebaut.

Von Günters sonst so gepflegter Hand rieselt leicht die zu Staub gewordene Friedhofserde von den Wurzeln seiner Stiefmütterchen, bevor er Edeltrauds Hand ergreift. Er scheint erstarrt und doch seltsam gefasst, aber er weiß nicht, wie er seine Frau trösten oder gar ermutigen soll. Er ist bereit, alles zu tun, was ihm möglich ist. Aber was ist möglich? Er füllt aus der Ferne mit Zuwendungen an Mutter Lieschens Seite die Vaterrolle für die jungen Geschwister aus. Obwohl er selbst nicht viel hat, gibt er und nimmt sich selbst am wenigsten. Er erfindet Geschichten, die dem Nächsten kein schlechtes Gewissen aufbürden sollen. Manchmal bringt er in späteren Jahren sogar Bananen ins Haus. Er kennt den Kaufhallenleiter in Knieper Nord aus gemeinsamen Handballertagen, und Oellermann legt ihm dann Kaffeesahne, Gewürzgurken im Glas, Pfirsiche oder eben Bananen ins Netz.

Und bevor er endlich zu Hause ankommt, muss er vielfach die Frage der Passanten beantworten, wo er ausgerechnet Bananen gekauft hat – und dann sind es stets die letzten, die er bekommen hat – oder wie es noch bis kurz vor der wiedererlangten deutschen Einheit heißt: „Hinten nicht mehr anstellen!“

Und dann legt er die Bananen ins Obstkörbchen. Niemand rührt sie an – und alle wissen, nur der einzige Sohn wird sie letztlich verspeisen. Denn Günter – so gibt er mit ernster Miene glaubhaft zu verstehen – mag Bananen nur in Mengen ab drei Kilo aufwärts, die vier, fünf Exemplare seien für seinen Appetit nicht ausreichend.

Der Kantinenfusel in den frühen Fünfzigern ist billig und wirksam genug, um Freude und Schmerz in einem Paket für den Moment zu genießen oder zu verdrängen. Genießen und Verdrängen. Darin ist er in jungen, gleichermaßen verlustreichen Jahren geübt. Doch das reicht nicht mehr. Er fühlt sich in seiner Liebe und in der neuen Verantwortung als Vater durch sein Leben herausgefordert. Ein paar Meter weiter betreuen emsige Schwestern sein todkrankes Kind, das überleben kann. Mit einem Arm. Er formuliert in Gedanken die Worte, die er der Familie überbringen wird, bevor er Maske und Kostüm für die Abendvorstellung anlegt.

Die freudige Stimmung am Knieperdamm weicht Trauer und Entsetzen. Günters Nachrichten sind für die Familie schrecklich. Sie haben etwas Endgültiges. Da, wo Vorfreude und Fantasie so viel Hoffnung verbreitet haben, ist schonungslose Leere. Auch der Erfolg einer Amputation und ihrer Folgen am Körper eines Säuglings wirft zermürbende Fragen und Visionen auf.

Dieser letzte Tag im Mai ist ein Sonnabend. Günter verlässt für den Moment die wirkliche Welt und betritt die Bühne des schönen Scheins, singt und tanzt, und niemand merkt im ausverkauften Zuschauerraum, wie sehr er leidet. Doch er nimmt dieses Leid hinüber in die Rolle seines Lebens und zugleich in die unzerstörbare Liebe zu seinem Sohn.

Kapitel 15: Stralsund in der Mitte der 60er-Jahre

Ich muss es Papa sagen. Es kommt ja auch sowieso raus. Ich habe ihn angelogen. Dabei stand ich schon auf der kleinen Vortreppe des gelben Holzhauses im Carl-Heydemann-Ring und hatte meinen Finger auf dem Klingelknopf neben dem Namen „Thiel“. Genau hier lebt und wirkt Hildegard Thiel, Akkordeonlehrerin seit Generationen. Hausmusik gehört in den Bürgerhäusern jener Zeit nicht nur zum guten Ton, sondern bedeutet Allgemeinbildung Frau Thiels besondere Verdienste um die Musikalität der Leute vom Knieperdamm 8 sind spätestens zu Weihnachten, aber auch bei Geburtstagen und anderen Familienfesten hörbar.

Schon Mama hatte bei Frau Thiel Unterricht. Allerdings bleibt der Lehrerin Mamas Virtuosität weniger in Erinnerung als ihre Niedlichkeit. Meine Cousinen spielen Akkordeon und singen dazu wie die Nachtigallen, sodass auch ich dieser Tradition folgen muss, gehe aber stimmlich mehr in Richtung Krähe. Mein Interesse und folglich die Auffassungsgabe bei der Vermittlung von Notenwerten sind äußerst begrenzt, die Umsetzung vom Blatt auf Knöpfe und Tasten bewegt sich gleichfalls auf engstem Raum. Meine Einsatzbereitschaft lässt nicht zuletzt auch deshalb zu wünschen übrig, weil Frau Thiel nicht nur sehr streng und in ihrer

Strenge sehr laut ist, sondern weil ihre Ungeduld im Umgang mit einsatzbeschränkten Schülern sich in sonderbarer Weise mit ihrem Äußeren ergänzt – alles an ihr ist dünn, die Zähne sind groß, die kleine Nase ist gebogen wie der Schnabel eines Wellensittichs, ihre Aussprache ist feucht. Die schwarzen Viertelnoten auf dem Blatt vor mir glänzen nach jeder Unterrichtsstunde. Sie empfindet mein Gesicht immer als zu blass und kneift und reibt meine Wangen bis sie glühen. Das alles wäre für meine Lehrerin und mich noch zu kompensieren, käme da nicht meine Faulheit hinzu, das in den Stunden Gelernte zu Hause bis zur Perfektion zu üben. Meine Eltern führen das nicht erreichte Optimum zunächst auf mein weißes Leihinstrument zurück. Als ich kurz vor Weihnachten in unserer Wohnung mit meiner Cousine Marianne Verstecken spiele und mich in den Kleiderschrank meiner Mama zurückziehen will, passe ich nicht mehr hinein. Genau in der linken hinteren Ecke steht ein grauer Kasten. Ich bin entsetzt. Erstens habe ich nun mein Weihnachtsgeschenk entdeckt und zweitens muss ich bei der Bescherung neben der Überraschung auch Freude vortäuschen. Das neue Instrument mit sechsundneunzig Bässen – sechzehn mehr als das Weltmeister-Akkordeon meiner Cousinen – ist ein italienisches Fabrikat, leuchtend rot, sündhaft teuer und wirklich wunderschön, sodass die Weihnachtsfreude gewisserweise nicht geheuchelt ist. Meine musikalische Leistung zum Fest erschöpft sich in zwei Liedern: „Petersil‘ und Suppenkraut wächst in unserm Garten“ und „Ist ein Mann in‘ Brunn gefallen, hab ihn hören plumpsen“... Schließlich gibt es noch ein Duo mit meiner Cousine - "Das Veilchen", welches meine Cousine auswendig nahezu alleine spielt und erheblich schneller fertig ist als ich. Sie begleitet dann noch den ausgedehnten Chor-Gesang sämtlicher klassischer Weihnachtslieder, während ich das Gewicht des neuen Akkordeons auf meinen Oberschenkeln spüre, ohne dem Instrument auch nur noch einen Ton zu entlocken. Aber das Fest ist gerettet.

Hildegard Thiel ist von meinem neuen Instrument, welches Mama und Papa ihr vor Weihnachten noch vorgestellt haben, begeistert und bietet nun Doppelstunden-Unterricht an – für 7 Mark 50 pro Woche. Eine stolze Summe für meine Eltern – und in diesen Wochen und Monaten schlecht investiertes Geld.

Ich spiele lieber Fußball als Akkordeon. Und wenn ich verschwitzt und abgekämpft aus der Brunnenaue komme, warten noch die Schularbeiten. Das Akkordeon bleibt in der grauen Kiste.

Es naht ein Elternvorspiel in Frau Thiels sonniger Veranda. Mein Beitrag ist das „Burlebüble“ – ein kleiner Walzer mit einigen Tücken, für mich. Ich versuche den Unterrichtsstunden auszuweichen, indem ich sie nicht besuche. Über einige Wochen. Ein Telefon haben weder Frau Thiel, noch meine Eltern. Doch eine Einladung zum Konzertnachmittag ist mit der Post gekommen. Mama zieht ihr schönstes Kostüm an und duftet nach „Tosca" aus dem Paket von Tante Susi. Papa hat seinen schwarzen Anzug angezogen – ich denke mir dabei, dass diese Farbe genau die richtige Wahl für das kommende Fiasko ist.

Erwartungsfrohe zufriedene Eltern begleiten mit viel Beifall die ersten Darbietungen, die Sonne senkt sich und erhellt die Thiel'sche Veranda. Oh, wäre es doch Nacht! Ich bin im frühen Teil des Programms eingeplant, stehe vor dem Publikum, nenne meinen Namen und das Werk, das ich zu Gehör bringen werde. Dann wird es dramatisch. Ich habe noch nie so konzentriert auf die Notenblätter geschaut wie in diesen peinlichen Minuten. Und es gibt selbst für mich überraschend Passagen, die das „Burlebüble" erkennen und mich zwischen den Takten an ein Wunder glauben lassen. Aber Frau Thiel unterbricht und erklärt, dass der Schüler lange nicht zum Unterricht erscheinen und nach dem eben Gehörten offenbar auch nicht üben konnte, dass sie aber die Hoffnung nicht aufgeben werde und das „Burlebüble" beim nächsten Vorspiel präsentiert werden könne. Sie nimmt die Verantwortung auf sich und ergänzt, dass sie es einfach probieren wollte, weil ich ein ansonsten recht talentierter Schüler sei. Aber die Aufregung hätte mir nun wohl zusätzlich einen Streich gespielt. Ich bin der dünnen Frau in diesen Minuten dankbar. Ich sehe nicht ins Publikum, ich spüre die Enttäuschung von Mama und Papa.

Auf dem Nachhauseweg schweigen wir. Papa trägt den Kasten mit dem schweren Instrument und sagt nur noch: „Du gehst morgen alleine zu Frau Thiel und entschuldigst dich, dass du nicht nur uns drei, sondern auch sie als Lehrerin auf der Bühne so blamiert hast." Ich verspreche meinem Vater, dass ich das tun werde. Doch schon am nächsten Tag hat mich der Mut verlassen. Papa ist am Nachmittag in unserem Garten, weit draußen in einer Kolonie an der Prohner Straße gelegen, und gießt Beton in die Löcher zur Befestigung eines neuen Zauns. Zur selben Zeit stehe ich vor dem gelben Haus von Frau Thiel, um mein Versprechen einzulösen. Sie würde sich vielleicht sogar freuen und tatsächlich eine neue Phase meiner musikalischen Entwicklung einleiten. Das allerdings kostet wieder Zeit und Geld. Und ich stelle fest, dass ich in dieser Zeit nicht die geringste Lust habe, weiterhin Akkordeon zu spielen. Doch wie soll ich mein Aufgeben erklären? War die Vorspielblamage nicht Argument genug?

Langsam kehre ich um und verlasse die Treppe des gefürchteten Holzhauses. Ich gehe den weiten Weg Richtung Garten zu meinem Papa. Ich werde versuchen, ihm meine Feigheit und meine Entscheidung gegen das Akkordeon darzulegen. Mein Vater blickt nicht hoch, als ich neben ihm stehe und er den Mörtel sauber verstreicht. „Hast du dich entschuldigt?“ Ich sage: „Ja.“

Dann schaut er mich an, hebt mich in den nahe stehenden kleinen Handwagen und meint: „Dann fahren wir jetzt nach Hause.“

Er zieht mich den weiten Weg zum Knieperdamm, fröhlich pfeifend, so wie er viele Jahre später meine Söhne in seinem blauen luftbereiften Wägelchen vom Bahnhof abholen wird.

Doch in diesen Minuten denke ich nur daran, wie er meine feige Lüge entlarven und auswerten wird. Es geht mir unsagbar schlecht.

Diesmal wartet er nicht lange. Schon am nächsten Tag ist Papa bei Hildegard Thiel, bedankt sich für ihre Geduld und Fairness und kündigt den Vertrag. Er sagt es mir am Abend und fügt hinzu: „Schade, dass wir das nicht geschafft haben mit der Musik. Es ist nicht allein deine Schuld. Wir hätten uns mehr dahinterklemmen müssen. Es kann sein, dass du dich darüber später mal ärgern wirst.“

Das Akkordeon bleibt noch über ein Jahr in unserer Wohnung. Dann wird es verkauft. Und Papa hat rechtbehalten. Ich ärgere mich heute noch. Aber die kleinen Jungs aus seinem blauen luftbereiften Handwagen haben’s besser gemacht. Und darüber freut sich Papa. Und ich auch.

Kapitel 16: Krankenhaus am Sund – der Abend des 31. Mai 1952

Eine Schwester hat das unberührte Essen der Patientin vom Nachttisch geräumt, nachdem auch die Stiefmütterchen das Zimmer, unkommentiert von schneller Hand ergriffen, verlassen haben. Es ist so traurig, was das Personal in diesen Stunden erlebt. Die Frauen fühlen mit. Edeltrauds Schicksal hat sich herumgesprochen. Sie hat ihren Sohn noch nicht sehen können, vielleicht will sie es auch nicht. Man hat ihr gesagt, morgen, bevor die Entscheidung fällt, wird sie das Kind in die Arme nehmen können. Edeltraud weint, betet, hofft. Und noch will sie nicht glauben, was geschehen ist, noch kann sie hoffen, dass es Hilfe gibt. Dabei spürt sie, dass die Entscheidung längst gefallen ist. Und sie fühlt mehr und mehr, dass sie sich zu dem Kind bekennt, das sie, so wie es ist, geboren hat und liebt.

In der Dämmerung öffnet sich die Tür. Die junge Mutter ist eingeschlafen, doch schon das leiseste Geräusch lässt sie erwachen. Ein älterer Herr, vielleicht Mitte 70 Jahre alt, schiebt einen Hocker an Edeltrauds Bett, setzt sich, schaut sie an, ergreift sanft ihre Hand. Er spricht zu ihr, sie vernimmt seine ruhigen Worte durch den Schleier der langsam wachsenden Dunkelheit:

„Mein Name ist Volk, ich bin Arzt, allerdings längst in Pension. Ich helfe hier am Sund aber weiterhin gerne aus. Ich habe natürlich von ihrem – nennen wir es wahrlich Unglück – gehört. Ich weiß, dass Sie schon ein Kind verloren haben. Sie haben diesmal alles richtig gemacht. Sie sind in guten Händen bei uns. Nur wir sind in Stralsund noch nicht soweit, Ihr Kind so zu operieren, dass der Arm erhalten werden kann. Wir nicht… aber andere können es.

Junge Frau, ich kann und ich darf und ich werde auch nicht viele Worte machen. Ihrem Sohn kann geholfen werden."

Edeltraud ist fassungslos – was geschieht mit ihr in diesen Sekunden… Vor Freude, vor Dankbarkeit, wenigstens diesen einen Satz hören zu dürfen: „Ihrem Sohn kann geholfen werden…", ist sie aufgewühlt und fühlt wärmende Schauer in sich. Über dem Bett von Mutter Anna ist ein kleines Holztäfelchen in der Wand verankert. Darauf ein Spruch aus der Lutherbibel: „…die mich frühe suchen, finden mich." Alle Berthold-Kinder haben diese Worte Tag für Tag vor Augen gehabt – fast nebenbei, wenn die Sonne scheint, geschärft, wenn Düsternis und Aussichtslosigkeit das Leben der Familie bedrücken – so wie jetzt…

„Sie sind der liebe Gott…"

Die Brillengläser des greisen Arztes blinken, glitzern vor zwei lebendig leuchtenden Augen. Er sagt sehr leise, flüsternd fast:

„Ihr Mann muss mit dem Kind so schnell wie möglich nach West-Berlin fahren. Eine Krankenschwester wird ihn im Zug begleiten. Im britischen Sektor gibt es die Chirurgische Universitätsklinik am Krankenhaus Moabit. Hier praktiziert ein guter Freund von mir, Professor Erwin Gohrbandt. Er kann Ihren Jungen operieren."

„Das heißt, Harald… wird seinen Arm behalten…?" „Ja. Es ist möglich. Gohrbandt ist seit Jahrzehnten ein außergewöhnlicher Chirurg. Ich glaube, der kriegt das hin." Edeltraud lächelt nach der Unendlichkeit völliger Verzweiflung. Sie hört den alten Herrn nach längerer Stille durchatmen.

„Es gibt ein Problem."

Und noch bevor die junge Mutter in ihren Gefühlen wieder tief hinab gezogen wird, fügt er hinzu: „Es ist aber das viel kleinere Problem. Die Klinik ist im Westteil der Stadt.

Dort reinzukommen, dürfte noch keine unüberwindlichen Schwierigkeiten bereiten. Aber die Operation kostet natürlich Geld. D-Mark."

„Geld… Westgeld… Das haben wir nicht." Edeltraud versucht in der Hoffnung auf Rettung die Tränen zurückzuhalten.

Volk weiß, dass es Hilfe gibt. Der kluge und gutherzige Mann hat eine Ahnung, wie weit sie vielleicht entfernt, aber doch möglich ist. „Es wird eine Lösung geben." Es klingt wie ein Versprechen.

So leise, wie er gekommen ist, verlässt der Professor bewegter als zuvor das nun fast dunkle Zimmer. Der Himmel ist bedeckt. Hier und da schafft es der Mond sein Licht leuchten zu lassen. Manchmal sind es die Scheinwerfer eines Autos, die auf die Zimmerdecke ein wanderndes Dreieck projizieren, das dort oben in unterschiedlichen Helligkeiten weitere dreieckige Flächen kreiert, sie übereinander schiebt und entsprechend dem Tempo des Vorbeifahrenden mal flink, mal langsam wieder verschwinden lässt.

Die junge Mutter nimmt das lebendige Zeichen der Außenwelt wahr und bleibt wach, doch dabei in genau jenem Zustande, der die Grenzen zu den guten und bösen Träumen immer wieder überschreitet, der sie lächeln lässt, aufschreckt und langsam in den Tiefschlaf bringt.

Es wird in diesen aufregenden Stunden leise gesprochen auf dem Südflügel der großen Sieben-Zimmer-Wohnung im ersten Stock am Knieperdamm. Die frühe Sonne erfüllt den Raum von Anna und Ernst mit freundlicher Helle, die auf den dunklen Holzmöbeln warm glänzt. Der Takt der alten Standuhr mit gelbmetallenen Gewichten und dem mit Blattgold überzogenen Zifferblatt ächzt und übertönt die geflüsterten Worte der Anwesenden, sodass Günters Eindrücke vom spätabendlichen Treffen mit Professor Volk nicht durch die Mauerwand ins angrenzende Zimmer von Fritz und Hanna Margies dringen kann. Den beiden Königsbergern wurde das Zimmer zeitgleich mit den Bertholds zugewiesen. Man kennt sich, man begegnet sich in der gemeinsamen Küche, im einzigen Bad oder auf dem Flur der großen Wohnung täglich. Doch vertraut man sich uneingeschränkt?

Das Zimmer der zwei grenzt an die zwei Räume von Hubert und Elfriede und deren Töchtern Christa und Marianne. Nicht selten steht man zu zweit oder zu dritt vor der verschlossenen Toilettentür, manchmal sehr lange. Da sitzt mein Onkel Hubert und liest Zeitungsartikel, die säuberlich zu etwa 10 mal 10 Zentimeter großen Papier-Quadraten geschnitten und als Klopapier genutzt werden. Diese lagern in kleinen Stapeln auf einer hölzernen Fußbank neben der Toilette. Dort legt Hubert seine Zigarette ab, sodass die glühende Seite über das Bänkchen hinausragt. Die Asche löst sich und fällt auf den kalten Steinfußboden, der mit kleinen grauen, weißen und schwarzen Mosaiken verziert ist. Die Glut frisst sich in das Holz. Davon künden braun-schwarze Brandflecke, mal tiefer, mal heller auf der Bankoberfläche. Die helleren Punkte sind ein Beleg dafür, dass die Wartenden geklopft oder den Türendrücker heftig heruntergedrückt und Hubert beim Lesen gestört haben, sodass er schneller fertig sein musste. Die dunklen zeugen von ungestörter Lektüre.

Nicht selten finden die Nachnutzer mehr als einen fast aufgelösten Reststummel von „Turf“ oder „Jubilar“ im Toilettenbecken. In diesen Tagen gibt es viel zu lesen.

Die Geschehnisse des Frühlings 1952 werden in der SED-gesteuerten „Landeszeitung“ des Bezirkes Rostock in schärfsten und beängstigenden Worten widergespiegelt.

Stalin hat sich vom Gedanken eines einheitlichen Deutschlands rigoros verabschiedet und setzt nicht mehr auf eine Verständigung mit den Westmächten. Als Reaktion auf die Pariser Verträge über die Souveränität der Bundesrepublik und deren Wiederbewaffnung lassen die Ostberliner Führer entlang der Westgrenze einen breiten Geländestreifen abholzen und darauf Beobachtungstürme errichten. Aus dem neu angelegten Grenzgebiet zwischen Ostsee und Frankenwald werden alsbald über zehntausend Menschen vertrieben und so ihrer Heimat beraubt. Die SED nennt diese Maßnahme sehr direkt und menschenverachtend „Aktion Ungeziefer“, denn die Vertriebenen gelten pauschal als unzuverlässige, dem jungen Staat trotzende und folglich vaterlandslose Gesellen. Wer dennoch mutig bleibt, wird isoliert und darf das Gebiet weder verlassen noch Besucher von außerhalb empfangen. Die Genossen arbeiten im frühen Stadium ihrer erträumten unendlichen Geschichte bereits in jenen Jahren ein breites Spektrum an Hass und Schikanen für die Festigung ihrer vermeintlichen Macht aus.

Auch Berlin verändert sich. An den westlichen Außengrenzen werden Stacheldrahtsperren errichtet. Hier verfügt der Arbeiter-und-Bauern-Staat über das ihm von den Siegern zugesprochene Territorium. Die Sektorengrenzen innerhalb der Metropole bleiben noch offen, sodass die geteilte Stadt zum Schlupfloch für die Flüchtlinge wird, die dem Osten zu Tausenden den Rücken kehren. Die führenden Genossen um Ulbricht und seinen Noch-Kronprinzen Honecker ringen dabei nicht ahnend, dass ihr Held und Übervater Stalin bald das Zeitliche segnen wird, um die Stabilisierung diktatorisch-sozialistischer Lebensverhältnisse östlich der Elbe.

Staatspräsident Wilhelm Pieck wirbt für eigene Streitkräfte, die die Aktivitäten der angeblich vom Westen gesteuerten Feinde eindämmen. Dabei sollten noch wenige Tage zuvor „jedem Deutschen, der wieder zur Waffe greift, die Hände abfaulen." Kirche und Großbauern werden verschärft ins Visier genommen. Der ungestört rasche Aufbau des Sozialismus und somit vor allem zunächst die Kollektivierung der Landwirtschaft stehen auf der Tagesordnung und werden in den Tageszeitungen und im Rundfunk kämpferisch thematisiert.

Plötzlich ist gar die Rede von einer eigenen Lufthoheit in der Sowjetzone, die sich seit dem 7. Oktober 1949 DDR nennt. Die Genossen simulieren einen staatlichen Besitzanspruch, der die Luftkorridore für Fluglinien nach Westberlin sperren könnte, wenn diese nicht um eine Benutzungserlaubnis bitten würden. Das aber geht nur, wenn der Westen die Sowjetzone als Staat anerkennt. Undenkbar.

Tausende innerstädtische Telefonleitungen werden an der Grenze zu Westberlin einseitig gekappt. Eine neue Berlinblockade droht. Die Westberliner horten in ihren Besatzungszonen erneut Grundnahrungsmittel und Waren des täglichen Bedarfs. Im sozialistischen Umland gibt es nichts zu horten. Ein heißer Sommer steht der Weltpolitik bevor.

Die Menschen am Knieperdamm spüren mit jedem Tag, wie sich die Neuordnung der Welt in zwei unversöhnlichen Machtblöcken fortsetzt. Das kriegerische Jahrhundert der ersten 50 Jahre steigt ohne Pause in die zweite Halbzeit ein. Die jungen Ostmedien versuchen einen neuen Menschentyp zu formen, den Aktivisten als Transformator der sozialistischen Menschengemeinschaft.

Die „Landeszeitung“, die im neuen Bezirk Rostock vor ihrer Umbenennung in „Ostseezeitung“ steht, ist zwar so gut wie gleichgeschaltet, aber man versucht zwischen den Zeilen die Politik zu deuten, deren Strategie so einfach ist: Das Böse steht im Westen, die Guten sind im Osten.

Auf dem Knieperdamm sind die Guten voller Hoffnung, dass die Bösen bitte so gut sind, das Böse von den Guten abzuwenden.

Kapitel 17: Ende Juni 1960 – im Westen!

Die große Reise beginnt. Wir haben Stralsund mit zwei Pappkoffern verlassen, um zunächst Oma Engelmann in Schwerin zu besuchen. In Rostock legt unser Zug einen längeren Zwischenhalt ein. Ich sitze im Sechserabteil am Fenster in Fahrtrichtung auf der nach altem Zigarettenrauch stinkenden, mit grünem Kunststoff überzogenen Bank. Mir ist schlecht.

Papa steht auf und sagt, dass er mir auf dem Bahnsteig etwas zu trinken besorgt. Mir wird noch schlechter, denn der Gedanke, dass der Zug plötzlich anruckt und wir ohne meinen Vater weiterfahren, versetzt mich in Angst und Schrecken.

Ich weiß ja nicht, dass mein Papa den Fahrplan kennt und genau einzuschätzen vermag, wann er wieder einsteigen muss. Ich sehe ihn an unserem Fenster lachend und winkend vorbeihuschen. Es ist nicht zu fassen! Warum nur tut er das? Mama beruhigt mich und sagt: „Papa ist rechtzeitig wieder da und dann trinkst du erstmal was. Dann geht es dir besser.“ Auch das noch – wenn er es nun aber nicht schafft, was sollen wir allein im Westen? Und ich bin daran schuld. Was sagt Oma Engelmann? Ich presse mein Gesicht an die Scheibe, kann aber meinen Vater nicht sehen. Mir laufen die ersten Tränen über die Wangen. Die Vorstellung, ohne Papa die größte Reise unseres Lebens zu unternehmen, erschüttert mich. Und so wird es kommen. Auf dem Bahnsteig wird es unruhig. „Einsteigen, bitte!“, so hallt es durch das geschlossene Abteilfenster. Die Dampflock pfeift, der Zug ruckt an und beginnt die Fahrt fortzusetzen. Ich begreife es nicht, dass meine Mutter so gelassen ist. Zum Glück hat der Spuk schnell ein Ende, die Abteiltür wird aufgezogen und Papa ist da – mit Bockwurst, Brötchen und Brause. Der Kiosk steht in Höhe der Lok. Papa ist in den ersten Wagen gestiegen und durch den Zug zu uns zurückgekommen. Die erste Aufregung ist überwunden. Ich bin ihm richtig böse. Und ich freue mich, dass Papa wieder da ist.

Er macht mit mir des Öfteren außergewöhnliche Experimente. So ist es noch nicht lange her, dass nur wir zwei am Frühstückstisch sitzen. Knusprige Brötchen von Bäcker Gager für fünf Pfennige, Butter, die es jetzt ohne Marken gibt, Marmelade, heiße Milch und ein „Ticki-Ei“, wie Papa sagt. Er sagt auch, „man kann das Ei kochen, solange man will, es wird einfach nicht weich“, und dabei lacht er. Dann nimmt er es in die rechte Hand, holt wie zum Wurfe weit aus und schlägt es scheinbar wuchtig auf den Tisch. Die Schale ist leicht eingedrückt und er beginnt es sorgsam zu pellen.

Natürlich nehme ich mein „Ticki-Ei“ auch in die rechte Hand, hole richtig Schwung und schlage das Ei voller Kraft auf die Tischplatte. Es spritzt in alle

Richtungen, das Eigelb läuft durch meine Fingerzwischenräume und mischt sich mit den spitzen Schalenteilen. Ich bin völlig überrascht und blicke Papa mehr als nur fragend an. Er scheint zu überlegen. Dann lacht er, denn er hat es verdrängt, dass ich nicht gesehen habe, wie geschickt er seine Hand vor dem Aufschlagen des Eies abgebremst hat.

Oma freut sich, als sie uns drei sieht. Der Überschwang ihrer Freude überrascht mich, und auch sie erweckt in mir das Gefühl, als wäre dies unsere letzte Ankunft in Schwerin, die morgige Fahrt nach Westdeutschland ein Aufbruch auf Nimmerwiedersehen. Dabei geht's ja nur zu Tante Susi – in 14 Tagen sind wir wieder zurück.

Die Nacht vergeht schnell. Oma Engelmann bringt uns zum Bahnhof. Von Schwerin aus fahren wir zur Station Bad Kleinen. Dort geht's in den Interzonenzug. Papa sagt: "In Lübeck steigen wir um.“ Mama flüstert nochmals: „Wenn wir da auf dem Bahnhof sind, sei nicht traurig, dass wir dir nichts kaufen können. Wir haben für die kleinen Geschäfte dort kein Westgeld.“ Ich nicke voller Verständnis. Die Grenzkontrolle in Herrnburg verläuft ohne Probleme. Die Blicke, die sich auf uns fixieren, sind eine Mischung aus „Wir wissen schon, dass ihr abhauen wollt“ und „Ihr werdet schon sehen, was ihr davon habt“. Dann sind wir „Drüben“. Ich stehe im Gang zwischen Abteil und

Außenfenster, drücke meine Stirn gegen die Scheibe, sehe die flache Landschaft an mir vorüberfliegen und spüre, dass ich diese Fahrt nie vergessen werde. In Lübeck steigen wir um und erklimmen die breite Bahnsteig-Treppe an deren Ende eine Bahnhofshalle voller Geschäfte mit verlockenden Angeboten wartet. Bananen und Apfelsinen, Pfirsiche und Aprikosen, Süßigkeiten und Lakritzvariationen, Spielzeug, das ich noch nie gesehen habe, Zeitungen und Illustrierte mit bunten Titelseiten.

Kein Grau, alle Farben dieser Welt. Und wir haben ja kein Geld. Keine Banane, keine Mickey Maus, keine Lakritz-Schnecke. Wir wechseln in den Zug nach Hannover. Nachts werden wir die Stadt erreichen, in der Onkel Bruno mit Evchen und meinem großen Cousin Ralph wohnt. Gar nicht so weit weg vom Bahnhof. Mama und Papa merken, dass ich müde bin. Es gibt einen Wartesaal und einen weiträumigen Bereich, der mit Feldbetten ausgestattet ist. Hier können Reisende bis zur Abfahrt ihres Anschlusszuges am Morgen ein paar Stunden schlafen. Als wir sehen, wie sich auf manchen Liegen bedürftige und auch unter Alkohol stehende Gäste hin- und herwerfen, beschließen meine Eltern, diese Möglichkeit nicht zu nutzen, sondern durch Hannover zu spazieren. Wir gelangen in die matt erhellte Vorhalle, die von Zigaretten-Rauchschwaden durchzogen wird. Mir wird einmal mehr übel, Mama macht mir Mut und sagt: „Du kannst den Rauch ruhig einatmen, das sind gute Zigaretten.“ Ich halte trotzdem die Luft an und atme auf dem Bahnhofsvorplatz tief durch. Wir bummeln durch die erleuchteten Straßen, bestaunen die fantastischen Angebote in den riesigen Schaufenstern, überlegen gemeinsam, ob wir Onkel Bruno in dieser besonderen Nacht vielleicht doch mit einem Besuch überraschen sollten, verabschieden uns aber von dem Gedanken und kehren zurück zur Gepäckaufbewahrungsstelle. Wir gehen mit unseren Koffern auf den fast menschenleeren Bahnsteig, von dem uns ein Zug recht bald nach Rheda bringen wird. Dort warten Tante Susi und Onkel Heinz mit einem Leukoplastbomber, dem Lloyd LP 300. „Dann mal rein in die Nuckelpinne“, ruft meine Tante, die sich herzlich freut, ihre Familie wiederzusehen, und sich irgendwie zu schämen scheint, dass sie es mit Heinz immer noch nicht geschafft hat, sich ein größeres Auto zu leisten. Onkel Heinz‘ Begeisterung über den Besuch aus dem Osten hält sich spürbar in Grenzen. Er hat durchgerechnet, wie teuer der Aufenthalt der mittellosen Gäste in den nächsten Tagen und Wochen seine Familie zu stehen kommt. Und doch folgt er dem Ruf meiner Tante, bereits am ersten Tante-Emma-Laden zu stoppen, um seinem Neffen etwas zu schenken. Wenig später halte ich eine riesige Papiertüte auf meinem Schoß, gefüllt mit Lakritzpfeifen und –schnecken, Gummibonbons, Aprikosen, Sarotti-Schokolade, Kaugummi mit Frucht- oder Coca-Cola-Geschmack und einer großen überreifen Banane. Ich bin also im Westen. Und ich bin sehr glücklich. Tante Susi dreht sich auf dem Beifahrersitz zu uns Dreien auf der Rückbank um. Sie ist auch glücklich.

Die Tage in Benninghausen sind gefüllt mit vielen Ausflügen und vergehen schnell. Auf dem weitläufigen Bauernhof der Ruplohs reiht sich im Spiel Abenteuer an Abenteuer. Da sind die Tiere – Schweine, Kühe, Pferde, Hühner, Gänse, Kaninchen, Katzen und der Hund Sputnik, mit dem ich die Gegend zumeist allein erkunde. Wir verstehen uns gut, aber meine Kommandos befolgt er nie. Susanne ist ein hübsches kleines Mädchen, das gerade Laufen lernt. Auch für einen 8jährigen niedlich, aber als Spielkameradin ist „Sanni", wie wir sie nennen, noch nicht über einen längeren Zeitraum geeignet. Da ist der Besuch der Rinkes aus Dortmund schon spannender. Sohn Harry ist 4 Jahre älter als ich und ein kräftiger Bursche in beeindruckend großen, glänzenden Lederhosen. Beim Fußballspiel am Hoftor tasten wir uns ab.

Sein Umgang mit dem viel zu schweren Ball ist eher grob als trickreich. Wenn immer er kann, tritt er mit der Fußspitze gegen die massige Kugel, die dann Fahrt aufnimmt und krachend gegen das Holz des Tores schlägt. Ich halte nur einmal meine

Hände hin, um mich als Torwart zu bewähren. Die Parade gelingt, aber die Handflächen brennen. Tante Susi ruft: „Harry, geht doch ins Schwimmbad, ihr könnt die Luftmatratze mitnehmen!“

Zum ersten Male sehe ich ein künstlich angelegtes Schwimmbecken. Ich setze mich am Rand auf die Luftmatratze und winke Harry zu. Der im Wasser wie ein Seelöwe glänzende Dortmunder taucht, schwimmt, schnauft. Plötzlich zieht er voller Spielfreude an der Matratze und sie rutscht mit mir ins Wasser. Ich kann nicht schwimmen. Zum ersten Male spüre ich völlige Machtlosigkeit und die Ferne eines rettenden Ufers. Meine Augen sind unter Wasser fest zugekniffen. Ich strample mit den Beinen, bewege hilfesuchend die Arme. In meinem Kopf dröhnt es in wilden Tönen. Harry glaubt immer noch, der Junge von der Ostseeküste sei ein guter Schwimmer und ein noch besserer Taucher. Ich schmecke das Chlorwasser, das durch Nase und Mund in mich eindringt. Ich möchte atmen, doch es geht nicht. Dann spüre ich endlich kräftige Arme, die mich an die Wasseroberfläche und darüber hinaus drücken. Harry Rinke hat mich vor dem Ertrinken bewahrt.

Wenig später fahren wir mit den Ruplohs in die Heimatsstadt meines Retters – nach Dortmund. Es ist die größte Stadt, die ich bis dahin gesehen habe. Der Gegensatz zum ländlichen Benninghausen ist gewaltig. Es ist laut und es stinkt nach Abgasen.

Gegen Abend besuchen wir den Fernsehturm, der unter dem Namen Floriansturm ein Jahr zuvor eröffnet wurde. Über 200 Meter hoch und von der Aussichtsplattform aus atemberaubend. Der Wind fegt unter die weiten Röcke der Besucherinnen, sodass ein nahezu ununterbrochenes Kreischen zu hören ist. Das Restaurant in knapp 140 Metern Höhe dreht sich zweimal in der Stunde um die eigene Achse und inzwischen umgibt uns ein Lichtermeer. Die Stimmung zwischen meinen Eltern sowie Tante und Onkel ist gelöst. Sie genießen das Zusammensein, sie stoßen an, sie lachen laut. Ich muss auf die Toilette, finde sie problemlos und stehe neben Männern mit dem Kopf zur Wand und dem Blick nach unten. Plötzlich bin ich allein. Und ich sehe in den wandseitig installierten Becken leicht poröse rosafarbene Seifestückchen – ähnlich „Lux" oder „Rexona". Ich reagiere schnell, ehe neue Besucher kommen und stecke zwei intensiv duftende, feuchte Zylinder-Stücke in die Tasche meiner grünen Popeline-Jacke. Eins für Mama, eins für Tante Susi. Endlich kann ich Ihnen auch etwas schenken.

„Darauf einen Dujardin!", ruft Onkel Heinz, während ich stumm und frohlockend „Lux" und „Rexona" auf den Tisch lege. Papa und Heinz haben den Weinbrand mit einem Zug runtergekippt. Tante Susi muss stark husten, Mamas Glas kippt um. Sie müssen nicht fragen, wo ich die Gaben entnommen habe. Die Frauen springen auf, stecken die Duftbeckensteine in die Stoffserviette und laufen mit mir zum Damenklo. Dort waschen sie intensiv meine Hände, halb schimpfend und mehr und mehr lachend. In der Zwischenzeit hat ein heute großzügiger Onkel Heinz – „So jung kommen wir nie wieder zusammen!“ – die nächste Runde Dujardin und für mich ein Eis bestellt. Zurück geht es in der Dunkelheit der Nacht mit dem Auto. Ich schlafe zufrieden mit einem ereignisreichen Tag auf dem Rücksitz und den Schößen meiner Eltern ein. Es duftet nach Parfüm und Weinbrand. Onkel Heinz fährt im Schritttempo.

Wir besuchen ein Schützenfest in Erwitte. Unvergessen bleibt mir die längste Bockwurst meines Lebens, die neben einer gewaltigen Portion Kartoffelsalat sehr rasch immer kleiner wird und schließlich ganz verschwindet. „Denn es ist ein altes Lied, frische Luft macht Appetit!“, meint Tante Susi, während Onkel Heinz vier Dortmunder Pils bestellt. Um uns herum schlendern Männer und Frauen in farbenfrohen Trachten. Vor kleinen bunten Holzbuden erfreuen sich die Gäste an herzhaften regionalen Kostbarkeiten, und an meinem Hals baumelt ein meinen Oberkörper bedeckendes Lebkuchenherz mit der Zuckergussaufschrift: „Ich hab dich lieb.“ Tante Susi hat es mir geschenkt. In meiner Erinnerung bleibt es eines der ehrlichsten Geschenke, die ich jemals erhalten habe. Und noch viele Jahre hängt es in Stralsund über meinem Bett, eingeschweißt in eine Cellofanhülle. Abends sind wir zu Hause auf dem Bauernhof, denn die Ruplohs erwarten den Franz, Heinzens Bruder. Sie erzählen, dass der Franz in diesem Sommer in San Marino war und außerdem schon Spanien und Nordafrika besucht hätte. Dann steht der Weltenbummler vor mir – doch so ganz anders als ich ihn mir vorgestellt habe. Klein und schmächtig, dünnhaarig und mit einem von Sommersprossen beherrschten Antlitz. Er schenkt Mama eine Spieluhr. Ein geschnitztes Schiffchen auf dessen Bug sich eine Miniaturtänzerin im Spitzentanz auf und ab bewegt, wenn die Gondel unterm Kiel aufgezogen wird und der Schiffskörper sich um die eigene Achse dreht, während eine liebliche italienische Melodie ertönt, anfangs rasant, dann immer langsamer werdend. Papa bekommt vom Franz eine Flasche Dornkaat aus Kornsaat, die den Abend natürlich nicht übersteht. Onkel Heinz sagt mir beim Gute-Nacht-Gruß:

„Morgen kannst du mit dem Franz ein Kaninchen schlachten!“ Meine Vorfreude hält sich in sehr engen Grenzen. Und als der Franz am nächsten Morgen mit Knüppel und Messer ausgestattet ein weißes Kaninchen aus dem Stall greift und es in die Waschküche des Wohnhauses wirft, erlebe ich die brutale Ermordung eines unschuldigen Lebewesens. Bilder, die ich nicht mehr vergessen kann.

Ich habe in meinem ganzen Leben niemals ein Kaninchen verzehrt. Und als Jahre später in Stralsunds Ossenreyerstraße ein Kaninchen-Grill-Restaurant namens „Grillka“ eröffnet und hoch frequentiert wird, mache ich einen großen Bogen um dieses Geschäft, aus dem ein für mich unangenehm sich verbreitender süßer Duft die Passanten einem Aerosol gleich umhüllt.

Es kommt der Tag des Abschieds, im Radio hören wir Heidi Brühl – „Wir wollen niemals auseinandergehen“… Ein witziger Moderator nennt es „Das Lied von den Hefeklößen“… Aber wir sind traurig und voller Vorahnungen. Tante Susi und selbst Onkel Heinz haben alles versucht, meinen Papa zu überzeugen, im Westen zu bleiben. Es gibt sogar einen Kontakt, der es ermöglichen würde, dass mein Vater sofort an einem Theater fest eingestellt wird. Intendant Walter Falk am Westfälischen Landestheater Castrop-Rauxel ist sehr interessiert. Sein Mitarbeiter Günter Franz hat ihn informiert. Franz war vor gar nicht langer Zeit Parteisekretär am Stralsunder Theater und ist dann Mitte der Fünfziger-Jahre in den Westen geflohen. Wir besuchen den Genossen in seiner schönen Wohnung. Er bemüht sich redlich, meinen Papa zu überzeugen, das neue Engagement in einer sicheren Zukunft anzutreten – alles spricht dafür. Aber meinen Vater zieht es zurück ans Meer. Er will nicht noch einmal von vorne anfangen. „Wir haben uns so viel schon angeschafft“, sagt er, „Ich kann auch meine Mutter mit den Kindern und Edeltrauds Eltern nicht allein lassen.“ Angeschafft haben wir Schrank, Bett und 3 Sessel. Oma Engelmann wird bald selbst im Westen Deutschlands leben. Und Opa Ernst hat Tränen in den lustigen Augen, als wir wieder in Stralsund sind: „Schön dumm, Günter. Und trotzdem – meinen Respekt hast du.“

Das neue Schuljahr beginnt. Aus zwei Klassen wird eine neue 3. Klasse zusammengestellt. 15 Mitschülerinnen und Mitschüler sind mit ihren Familien aus den Ferien in Westdeutschland nicht zurückgekommen. Frau Paduck entdeckt mich am ersten Schultag, strahlt wie schon vor zwei Jahren und ist sichtlich gerührt. „Wir wollen niemals auseinandergehen“… Ich strahle auch, denn meine neue Klassenlehrerin Frau Pahl ist eine sehr schöne, anmutige Frau. Alles richtig gemacht, Papa.

Kapitel 18: Stralsund, Anfang Juni 1952

Günter erzählt am Knieperdamm von seinem Gespräch mit Professor Volk. „Sie können Haralds Arm erhalten. Es wird viel Geld kosten. Das haben wir nicht. Ich verdiene knapp 300 Ost-Mark. Die sind im Westen nicht mehr als 50 D-Mark wert, wenn ich Glück habe. Aber wir haben einen Bürgen, der die Kosten tragen wird. Wir werden sie dann in den nächsten Jahren Stück für Stück zurückzahlen…"

Anna und Ernst, Elfriede, Hubert, dazu Bruno und Erich sitzen plötzlich aufrecht, die Köpfe verlassen die Handflächen, die von den Ellenbogen auf dem runden Esstisch gestützt werden, und verwandeln sich in staunende, fragende, hoffnungsvolle Gesichter. Günter nimmt sich nicht die Zeit, den Triumph gegenüber der Familie, die ihn keinesfalls immer mit offenen Armen empfängt, zu genießen, aber er spürt, dass er jetzt gefragt und endlich angekommen ist. Und er weiß, dass er seinem Kind helfen kann. „Ich habe gleich heute Nacht meinen Onkel Adolf anrufen können. Vom Theaterapparat beim Pförtner." „Adolf…", Hubert räuspert sich. „Das ist doch Lieschens Bruder in Berlin, der Malermeister…", erinnert sich Opa Ernst, und der Gedanke an den Handwerker erfreut ihn. Ernst ist in kurzer Zeit selbst zum gefragten Maler und Tapezierer auf dem Knieperdamm geworden. Wenn er sich im Reitersitz auf dem hohen Tritt vorwärts bewegt, seine Arbeiten unter der Decke beendet, ohne auch nur eine Sprosse hinunterzusteigen, sind seine Kunden von der Geschicklichkeit und dem Tempo begeistert und spendieren gern belegte Brote, Bier sowie einen kräftigen Klaren zur Verdauung. Durch Günters Vermittlung wird der einstige Leutnant der Feuerschutzpolizei ab Mitte der Fünfziger-Jahre mit seiner Leiter durch den riesigen Theatermalsaal wandern und dort auf weiße Leinwände Schlossfassaden, Burgmauern und Wolfsschluchten für den Freischütz zaubern.

Am Knieperdamm duftet es oft nach Terpentin und Ölfarbe. Hier hat Ernst eine kleine Staffelei, malt Landschaften, Stillleben und auch einen kleinen angelnden Jungen mit gelbem Hut, den die Enkel und Urenkel noch heute hüten wie van Goghs Selbstbildnis von 1887. Wenn Opa Ernst nicht renoviert, malert oder bastelt, kümmert er sich um Guppys, Schleierschwänze und Black Mollys in seinen drei Aquarien und züchtet Kanarienvögel. Er liebt Tiere, doch als er eines Tages aus der nahen Zoohandlung einen kleinen Affen ins Haus bringt, stellt ihn Anna vor die Alternative: Der Affe oder ich?! Opa entscheidet sich schnell, und der Gedanke, einen Affen am Knieperdamm einziehen zu lassen, scheint eher einer plötzlich weinseligen Laune oder gar einer verlorenen Wette unter Freunden und Verwandten entsprungen zu sein. So ganz wird der Hintergrund des Affen-Intermezzos nie geklärt.

Ernst liebt sein Annchen, das ihm in den Jahren der Gefangenschaft die Treue hält und jetzt nicht nur die glänzende Glatze entstoppelt, sondern Abend für Abend ein Glas Grog bereitet und die Zigarre reicht. Dann verbreitet sich auf der gesamten Etage ein Duft von Harmonie, Geborgenheit und Dankbarkeit. Und wenn ich dann – nicht ganz zufällig – zu Oma und Opa ins Zimmer schaue, freue ich mich lange vor dem ersten Blick in das Zimmer mit der gewaltigen Standuhr und den alten schwarzbraunen Möbeln, mit großen und kleinen gerahmten Bildern, mit Vögeln und Fischen auf einen Teelöffel Grog aus Opas großem Glas. Der Tropfen verdünnten Rums ist zuckersüß und verteilt sich schnell in meinem Mund bevor ich ihn hinunterschlucke. Oma löst mit dem Küchenmesser auf einem Holzbrettchen von säuberlich gleichmäßig geschnittenen Brotscheiben die Rinde, die als ovaler Ring zurückbleibt. Diesen zerpflücke ich in kleine Stückchen, merke die Festigkeit der dunklen Teilchen, die Opa nicht mehr kauen kann, und esse sie auf. Dann erzählt er vom 1. Weltkrieg, von Friedenszeiten vor und zwischen den Kriegen, auch von einem Zirkusbesuch in Königsberg, wo ihn ein Indianer beeindruckt, der im wildesten Galopp einmal um sein Pferd klettert.

Ich erfahre von Opas Pferd an der Front und der Treue des Tieres, das im wildesten Feuerhagel nicht von der Seite des verwundet am Boden liegenden Soldaten weicht. Er schildert die nächtliche Gefechtsruhe, in der sich an der Ostfront die Kämpfer zu gemeinsamen Feiern treffen, um sich Stunden später wieder mit Maschinengewehren, Bajonetten und Kanonenkugeln zu massakrieren. Opa ist mein erstes lebendiges Geschichtslexikon. Ein Zeitzeuge, der mir aus erster Hand zu berichten weiß, eine Quelle, die mein Wissen und meine Fantasie beflügelt, die mir Bilder schenkt, ohne dass ich ins Kino gehen oder einen Fernsehapparat besitzen muss. Und wenn wir Offiziersskat zu zweit spielen und er den Kreuz-Buben auf den Tisch drischt, ruft er dazu: „Der steht vor Roßbach!“ Dann weiß ich, er ist noch heute stolz auf den Sieg seiner Preußen unter ihrem genialen König Friedrich, der mit seinen Zweiundzwanzigtausend Mann die französische Reichsarmee, die über doppelt so viele Soldaten und Geschütze verfügt, vernichtend besiegt. 1757 ist es der vierte Novembertag. Französische Söldner haben in den Jahren zuvor das zersplitterte Deutschland als militärischen Tummelplatz genutzt und die Bevölkerung ausgeplündert. Nun ist die Begeisterung der meisten Deutschen überwältigend, sodass selbst Johann Wolfgang von Goethe bekennt, „fritzisch gesinnt“ zu sein, und deshalb spöttisch dichtet: „Und wenn der große Friedrich kommt und klopft nur auf die Hosen, dann rennt die ganze Reichsarmee, Panduren und Franzosen." Ab sofort nennt man den Preußenkönig „den Großen", obgleich der Geniestreich von General Friedrich Wilhelm von Seydlitz ausgeführt wird. Einmal mehr zeigt sich in der großen Geschichte wie im kleinen Leben: Auf die richtigen Leute kommt es in entscheidenden Situationen an.

Opa spricht von Disziplin und Zuverlässigkeit, Respekt und Pünktlichkeit. All das bewundert er auch an seinem Altersgenossen im Herzen Preußens, in Berlin.

Malermeister Adolf Rachow hat sich dort einen sehr guten Ruf und ein kleines Vermögen erworben, das es ihm gestattet mehrere Filialen mit fleißigen Gesellen und funktionierenden Geschäftsfahrzeugen zu unterhalten, die auch mehr als einmal über die Sektorengrenzen rollen und West-Mark in die Kasse bringen. Im Branchenbuch Berlins prangt seine Adresse unter „Malermeister und Malergeschäfte" zentral auf Seite 413. Adolf und seine Lotte haben selbst keine Kinder, und nun freuen sie sich, dass die Familie auch ohne ihr Zutun wächst und mit ihrer Hilfe gedeiht.

Es bleibt ein familien-historisches Wunder, wie das Baby aus dem Osten im Alter von 6 Tagen in Onkel Adolfs DKW durchs Brandenburger Tor in den Westen fährt. Die Verantwortlichen in der

Stralsunder Klinik zögern trotz heftigster politischer Auseinandersetzungen in der Nachkriegswelt nicht, alle möglichen bürokratischen Hürden beiseitezuschieben und dem jungen Vater für die Bahnfahrt nach Berlin sogar eine Schwester zur Seite zu stellen, die sich während der mehr als fünfstündigen Reise um das Wohl des kranken Säuglings bemüht. Der Klassenkampf legt eine seiner ersten Atempausen ein Es heißt, der alte Professor Volk habe durch seine freundschaftlichen Beziehungen zu Professor Gohrbandt im Laufe eines bewegten Lebens durch zwei Weltkriege hindurch vielen Menschen die Unversehrtheit und somit die Zukunft gerettet.

Erwin Gohrbandt ist seit Jahrzehnten eine schillernde Arztpersönlichkeit, ein Meister seines Faches, in seinem Charakter – wie Zeitgenossen berichten – umstritten. So betonen die Einen, er sei eitel und erfolgsorientiert, die Anderen rücken ihre Erfahrungen in den Vordergrund, also sei Gohrbandt mutig und herzensgut. Ein Pommer, der 1890 in Schlawe das Licht der Welt erblickt. Er erzählt mit blitzend feuchten Augen gern von seiner Kindheit und Jugend, die er in Friedenszeiten verbringt. Und er preist voller Dankbarkeit immer wieder die Liebe seiner Mutter. 1910 kommt der Zwanzigjährige nach Berlin und weiß, dass er von dieser Stadt nie mehr lassen wird. Der christlich geprägte Erwin studiert Theologie, lernt fachübergreifend junge Mediziner kennen und entschließt sich, seinem Leben eine entscheidende Wendung zu geben und Arzt zu werden. Europa ist zerstritten und rüstet in nie gekanntem Ausmaß auf. Neue Waffen und Kampfmittel warten auf ihre Erprobung im Ernstfall. In der jungen Generation aller Länder wächst eine Kriegsbegeisterung, die von unwissender Sicherheit begleitet wird, dass die zu schlagenden Schlachten schnell und siegreich beendet sein werden. Erwin absolviert die legendäre Pépinière, eine Anstalt zur Aus- und Weiterbildung von Militärärzten. 1795 im Königreich Preußen von Johann Goercke gegründet. Später nennt sich die Einrichtung Kaiser-Wilhelms-Akademie, aus der Generationen berühmter Mediziner hervorgehen. Im Jahr des Kriegsausbruchs beendet der nun Vierundzwanzigjährige als Unterarzt das Staatsexamen und promoviert 1915 zum Doktor der Medizin. Er zieht als Sanitätsarzt in den Krieg und betreut an beiden Fronten die Soldaten bis in die vordersten Linien. Hier eröffnet sich ihm ein Arbeitsgebiet, in welchem die Primärversorgung von Bauch- und Gesichtsverletzungen gefordert wird. Erwin hilft schnell und erfolgreich und wird mit dem Eisernen Kreuz ausgezeichnet.

Der Krieg ist verloren. Der junge Arzt folgt dem Ruf seines väterlichen Freundes Otto Hildebrandt an die Chirurgische Universität der Charité, wo er sich 1924 habilitiert. Vier Jahre später wird er zum

Professor ernannt und in Berlin Chef des Krankenhauses am Urban. Seine chirurgischen Leistungen und wissenschaftlichen Studien finden inzwischen weltweit höchste Anerkennung. Mehr und mehr wendet er sich der plastischen und wiederherstellenden Chirurgie zu.

Studenten und Kollegen bewundern die Sicherheit, Schnelligkeit und Eleganz seiner Operationstechnik. Die von ihm betriebene Nahtchirurgie bezeichnet die Fachwelt als geradezu bestechend. Er macht kein Hehl daraus, wenn er nach einem Vorbild befragt, den Begründer der Wiederherstellungschirurgie nennt – Erich Lexer. Dessen unrühmliche Rolle in seinen letzten vier Lebensjahren als von Himmler persönlich ernannter SS-Sturmbannführer und willfähriger Kommentator des nationalsozialistischen Sterilisationsgesetzes ist allgemein bekannt.

1940 wird Erwin Gohrbandt als Ordinarius und Direktor der Dritten Chirurgischen Universitätsklinik an das Krankenhaus Moabit berufen. Hier rettet er mit seinem chirurgischen Können das Leben unzähliger kriegsverletzter Menschen.

In der Zeit des Nationalsozialismus und deren Aufarbeitung sprechen die Zeitzeugen davon, dass Gohrbandts Mitarbeiter, Oberarzt Heim, häufig die freundschaftliche Nähe zu seinem internistischen Kollegen Georg Groscurth sucht, der sich am Widerstandskampf gegen die Nazis beteiligt. Groscurth ist Leibarzt des hypochondrisch veranlagten Führerstellvertreters Rudolf Heß. Alles, was der ihm in seinen Konsultationen erzählt, gibt er an Widerstandsgruppen weiter. Die erfahren durch ihn Einzelheiten zum geplanten Überfall auf die Sowjetunion und die Pläne für neue Konzentrationslager. Er gründet die „Europäische Union“, eine eigene Widerstandsgruppe, die Juden und Deserteure versteckt. Er selbst sorgt dafür, dass Soldaten wehruntauglich geschrieben werden. 1943 wird die Gruppe verraten, Groscurth und seine Frau Anneliese werden wegen „Vorbereitung zum Hochverrat“ und „Feindbegünstigung“ am Volksgerichtshof durch die Richter Roland Freisler und Hans-Joachim Rehse zum Tode verurteilt und im Mai 1944 enthauptet.

Kapitel 19: Ende der 60er-Jahre – Omas Besuch in Stralsund

Oma besucht uns. Sie hat eine weite Reise hinter sich und kommt zum ersten Mal seit ihrer Übersiedlung nach Dortmund zu uns in den Nordosten des geteilten Landes. In ihren beiden Koffern befinden sich überwiegend Geschenke. Und die meisten sind für mich. Die sehnlichst gewünschten Adidas-Fußballschuhe „Europacup" hat sie mitgebracht. Ich spiele seit 1967 Rechtsverteidiger in der Jugendabteilung der ASG Vorwärts Stralsund Fußball. Meine Laufbahn als Handballer bei der Betriebssportgemeinschaft „Empor" habe ich bei einer voraussichtlich stagnierenden Körpergröße von hundertzweiundsiebzig Zentimetern aufgegeben, aber das Erlernte und die Wurfkraft im rechten Arm kommen mir auch beim Fußballspiel zugute – bei weiten Einwürfen zum Beispiel. Jetzt habe ich auch das genau passende Schuhwerk, das innerhalb meiner eigenen Mannschaft die Anerkennung, bei den Gegenspielern die Furcht und bei beiden den Neid steigert. Mit Omas blauen Adidas-Laufschuhen, die sie ein Jahr zuvor im Paket gesandt hat, werde ich Schulmeister im 1000-Meter-Lauf. Mein Antritt im Endspurt ab Ausgang der letzten Kurve ist wirklich nicht schlecht. Mein Freund Wolfgang, mit dem ich gerade ein Tor auf dem Sportplatz in der Brunnenaue abgesägt habe, sagt nach meinem Sieg: „Kein Wunder, mit den Schuhen!“ Er selbst erreicht Platz 5.

Jetzt habe ich also auch die Fußballschuhe mit den berühmten drei Streifen. Ich weiß, dass die auch im Westen sehr viel Geld kosten. Und uns allen am Knieperdamm ist nicht entgangen, dass Oma Engelmann eine sehr gute Rente bekommt. Wir vermuten, dass sie selbst nicht so viel von dem Geld hat, sondern dafür Sorge trägt, dass Tante Susi und Onkel Heinz das gastwirtschaftliche Aus mit ihren vier Kindern überstehen. Oma erzählt, dass sich Tochter und Schwiegersohn mittlerweile über alle Maßen dem Alkohol zugewandt haben und dass sich in der gemeinsamen Wohnung geradezu Exzesse abspielen. Ein bisschen bedauert sie es wohl, dass sie in den Westen gezogen ist, denn mit Günter und Dieter sind ja die beiden Söhne im Osten geblieben. Der kleine Dieter arbeitet als Maurer und ist inzwischen fast zwei Meter groß. Er hat sich noch vor Omas Auswanderung nach Dortmund in die Studentin Rosi aus der Schweriner Sandstraße verliebt. Als Oma bei deren Antrittsbesuch spürt, dass Dieter dieser intellektuellen Frau nie gewachsen sein wird, beginnt sie gegen Rosi zu sticheln, sodass sich das Mädchen angegriffen fühlt und sich verbal wehrt. Das Ergebnis lässt nicht lange auf sich warten – Oma bittet an dem eskalierenden und tränenreichen Abend den ältesten Sohn Günter, Rosi der Wohnung zu verweisen. Ich bekomme diese Schicksalsstunde meines Lieblingsonkels Dieter bereits im Bett des einstigen Helden von Kreta liegend durch die verschlossene Tür des einstigen Kinderzimmers mit. Diese öffnet sich und an meinem Bett kniet ein kraftloser Hüne.

„Was soll ich nur machen?“, schluchzt Dieter. Ich weiß es natürlich nicht und sage hilflos: „Bloß, nicht weinen, Onkel Dieter. Das wird alles wieder gut.“ Zumindest heiratet Dieter seine Rosi und schenkt ihr einen Jungen und ein Mädchen. Die Ehe geht, so wie Oma es erwartet und kräftig befördert, in die Brüche. Aber Dieter und Rosi bleiben zeitlebens beste Freunde und wunderbare Eltern.

Oma Engelmann ist dabei herzensgut und großzügig. Sie kann aber auch sehr hart sein. Schwiegertochter Edeltraud macht da lange vor dem Rosi-Desaster bei Omas Besuchen ihre ganz eigenen Erfahrungen, wenn sie bei der Essenszubereitung auch in der Stralsunder Küche unter Lieschens Kontrolle steht.

Jeder Handgriff, jede Zutat, jede Gasflamme werden beäugt und mit berichtigenden Hinweisen im Befehlston kommentiert. Das ändert sich erst, als Edeltraud die Pfanne mit den Bratklopsen in die Hand nimmt und alle noch nicht ganz durchgebratenen Teile der Oma vor die Füße kippt und die Wohnung verlässt. Oma nimmt darauf den direkten Weg in unser Wohnzimmer und entdeckt nicht ganz zufällig, dass die von ihr einst geschenkte, in dunkelbraunes Holz gefasste Wanduhr mit Goldrand nicht mehr tickt. Sie nimmt die Uhr von der Wand und bittet mich um einen spitzen Gegenstand. Auf dem Tisch liegen Mamas Häkelnadeln. Oma beginnt den Zeitmesser mit gezielten kräftigen Einstichen ins kleine rückwändige Uhrwerk zu reparieren. Nach diesem Eingriff kann selbst ein professioneller Uhrmacher nichts mehr richten. Sie zieht sich in mein kleines Kinderzimmer am Knieperdamm zurück.

Dazu steigt sie die kleine Holztreppe in der Küche hoch, die zu einem ehemaligen Dienstmädchenzimmer führt, in welchem jetzt ich zu Hause bin. Durch die Streben der Treppe kann ich meiner Mama beim Kochen zusehen. Ich merke mir, wie sie die Schnitzel sanft klopft, würzt, in Ei und Semmelmehl wendet oder Leber zubereitet, mit Mehl bestäubt und brät.

Ich genieße es, wenn sie die originalen sauren Königsberger Klopse herstellt oder einfach Möhren schabt und schneidet. Dabei lasse ich meinen Kopf stets durch die Streben des Geländers an der Küchentreppe gleiten. Eines Tages kann ich ihn nicht zurückziehen und bleibe stecken. Mit Mühe, Geduld und unter Tränen finden Mama und ich genau den richtigen Winkel, um den Kopf so zurückzubringen, wie er ein letztes Mal hindurch gelangen konnte.

Nun also sitzt Oma beleidigt und ausdauernd auf dem Bett meines kleinen Zimmers. Als Kurier meiner Eltern versuche ich, sie zu überreden, doch einfach wieder zu uns zu kommen. Papa meint, dass sie sich schon bald wieder beruhigen werde. Er kennt seine Mutter. Vorher aber stürmt sie noch zwei-, dreimal die Treppe hinunter und täuscht – die rechte Hand vor den Mund gepresst – nahezu perfekt Brechreize vor.

Natürlich fragen wir alle nach ihrem Befinden. Sie winkt nach Badbesuch und Küchenlauf resigniert so ab, als werde sie die nächsten Minuten nicht überstehen und fern der neuen Heimat aus dem Leben scheiden. Aber unser Interesse tut ihr gut und alles – außer der Wanduhr – renkt sich wieder ein.

Oma und Schwiegertochter Edeltraud umarmen sich, wobei Oma meiner Mama fünfzig Westmark in die Tasche der geblümten Dederon-Küchenschürze steckt. Unserem traditionellen Kartenspiel am frühen Abend steht nichts mehr entgegen.

Und auch bei Omas jetzigem Besuch holen wir die Karten hervor, um Mau-Mau zu spielen. Omas Bedingung – Alkohol kommt nicht auf den Tisch. Sie ahnt natürlich, dass auch in Stralsund der Fisch an der verrufenen Ostseeküste schwimmen muss und – sie kennt ihren Günter. Der hält aber Wort – Alkohol kommt an diesem harmonischen Spieleabend nicht auf den Tisch. Die große Flasche „Weinbrandverschnitt“ steht deshalb auf dem Fensterbrett meines Zimmers und somit in Omas diesmal nicht genutztem Exil oberhalb der Küche hinter der halb in die Fenstermitte gezogenen Gardine. Als die Karten gemischt werden sollen, fragt Günter seine Edeltraud:

„Haben wir eigentlich das Kinderzimmer schon durchgelüftet!“ Edeltraud springt auf und geht dann kurz Richtung Küche, Holztreppe hoch, Gardine zur Seite, Fensterbrett und schon nimmt sie einen kräftigen Schluck. Dann ist genug gelüftet.

Günter nimmt Edeltraud nach einigen Minuten die Arbeit ab, meint: „Bleib nur sitzen, ich mache dann mal das Fenster zu…“ und tut es oben angekommen seiner Edeltraud gleich.

Wieder am Spieltisch zurück, sagt er kurz bevor er sich setzt – während Oma ihre fünf Karten sortiert und wir auf ein Signal warten: „Ich lasse das Fenster noch ein bisschen auf, da ist noch viel Küchendunst im Zimmer…“ Ich habe den Code sofort dechiffriert und gebe zu bedenken: „Aber nicht, dass ich dann nachher friere!“ Oben am Fensterbrett sehe ich, dass die Flasche bereits leicht an Inhalt verloren hat, probiere einen kleinen Schluck, der mir gut bekommt und nach Wiederholung schreit. Wieder am Spieletisch, nehme ich meinen zwischenzeitlichen Protest reumütig zurück: „So kalt ist es eigentlich doch noch nicht." Dankbare und zunehmend heitere Blicke meiner Eltern begleiten dabei meine Mau-Mau-Spiel-Strategie und das Zurückhalten einer 8, was Oma vor dem Aussetzen und uns vor ihrer umkippenden Laune bewahrt.

Sie hat sich souverän eingespielt, schwankt uns gegenüber in ihrer Siegesserie zwischen Überheblichkeit und Mitleid, was uns darin bestärkt, jetzt auch konsequent die Siebenen zurückzuhalten, sodass sie nicht zwei, vier oder gar sechs Karten zusätzlich aufnehmen muss.

So zieht sich das Spiel in die Länge. Zwischendurch wird in Abständen nach der Frischluft geschaut, ebenso eine weitere kleine frische Flasche bereitgestellt, sodass der Abend zunehmend fröhlicher wird. Oma gewinnt jetzt jedes Spiel.

Papas Aussprache wandelt sich spürbar, ohne den heiteren Unterton zu verlieren, Mama lacht in sich hinein und ich spüre mit verklärtem Blick durch das Kinderzimmerfenster auf die sommerliche Brunnenaue die entspannende Wirkung des Getränks auf meinem Fensterbrett. Oma ruft noch einmal:

„Mau-Mau!", wirft die letzte Karte lässig und triumphierend auf den Tisch und ergänzt: „Seht ihr, Kinder, es geht auch ohne Alkohol!"

Kapitel 20: Professor Erwin Gohrbandt in den 40er-Jahren

Erwin Gohrbandt unterhält enge Kontakte zu Herrmann Göring. Das jedoch ist nicht verwunderlich, denn er ist zum Generalarzt und Referenten für Luftfahrtmedizin bei der Sanitätsinspektion der Luftwaffe berufen worden. Welche Auswirkungen hat das auf seine gelebten christlichen Werte? Was weiß er vom Widerstand in den eigenen Reihen? Es ist bekannt, dass der begnadete Chirurg beim Betreten der Stationen niemals den Hitlergruß zelebriert und sich konsequent an die ärztliche Schweigepflicht hält.

Andererseits ist er als wissenschaftlicher Ansprechpartner des „Reichsjugendführers" Baldur von Schirach tätig und bleibt chirurgischer Berater der Luftwaffe. Als Forscher ist er herausgefordert, nachdem der Siegeslauf der Wehrmacht Ende 1941 erstarrt. Die Soldaten erfrieren, mangelhaft ausgerüstet, im ersten russischen Kriegs-Winter. Ein Jahr später kommt es zur Katastrophe von Stalingrad. Wieder überfüllen Soldaten die deutschen Krankenhäuser, in die sie von der Front gebracht werden. In Gohrbandts III. Chirurgischer Universitätsklinik wird geforscht, wie Erfrierungen mit neuen Behandlungsmethoden geheilt werden können.

Auf wissenschaftlichen Konferenzen werden ärztliche Fragen bei See- und Winternot erörtert. Im Oktober 1942 ist Gohrbandt in Nürnberg dabei, als der Inspekteur des Sanitätswesens der Luftwaffe die Besprechung leitet. Der Chirurg aus der Berliner Universitätsklinik weiß, dass auch Versuche an Menschen durchgeführt werden, geht aber seinem Verständnis folgend von freiwilligen Probanden aus. An den in Nürnberg besprochenen Versuchen zur Trinkbarmachung von Meerwasser an 44 Häftlingen des KZ Buchenwald ist er nicht beteiligt. In einer Dokumentation nach dem Krieg wird Gohrbandt vorgeworfen, dass er die Versuche gebilligt habe und als fachliche Autorität der deutschen Ärzteschaft sie somit als seriöse Wissenschaft in aller Öffentlichkeit präsentiert haben soll. Bewiesen werden diese Vorwürfe nicht. Und sie beschädigen auch nicht sein weiteres Wirken als Arzt und Wissenschaftler.

Nach dem 8. Mai 1945 arbeitet er mit seinem engen Freund Ferdinand Sauerbruch zusammen und wird vom neuen Groß-Berliner Magistrat beauftragt, als Gesundheitsdezernent die Hygienevorschriften zu überwachen. So ist es nicht zuletzt auch sein Verdienst, dass es in der zerbombten Stadt keine Seuchen und Epidemien gibt. Er müht sich und organisiert alles, was für den Wiederaufbau des Moabiter Krankenhauses nötig ist. Man bittet den Fachmann darüber hinaus, Vorlesungen an der gerade gegründeten Freien Universität zu halten, und natürlich kommt er diesem Wunsch nach.

Der Frühaufsteher Gohrbandt verfasst bereits um 5 Uhr wissenschaftliche Arbeiten und beantwortet zahlreiche Post, die ihn aus aller Welt erreicht. Am Vormittag steht er im Operationssaal des Moabiter Unfallambulatoriums. Der Nachmittag gehört den Patienten seiner eigenen Praxis im Zentrum Berlins. Ist die Sprechstunde beendet, liest er die Korrekturen seiner Fachbeiträge und besucht danach bis in den späten Abend wissenschaftliche und gesellschaftliche Veranstaltungen. 1957 erleidet er einen schweren Unfall, in dessen Folge er ein Jahr später als Chef des Moabiter Krankenhauses ausscheidet und trotz Behinderung seinem Tagesablauf treu und ein überall gefragter Helfer bleibt.

Er ist Vizepräsident des DRK-Landesverbandes Berlin, Mitglied der Deutschen Olympischen Gesellschaft und Herausgeber des „Zentralblattes der Chirurgie“, in welchem auch seine Visionen einer Chirurgie von morgen zu lesen und zu begreifen sind:

„Wir müssen heute zugeben, dass es langsam Zeit wird, das Fachgebiet der plastischen Chirurgie als ein Spezialgebiet anzuerkennen und entsprechende Kliniken zumindest in den größeren Städten zu errichten.“ Und er schaut über den eigenen wissenschaftlichen Horizont, akzeptiert und erkennt so auch Vorbilder für sich in einer Prager Klinik sowie einigen Gesundheitszentren in den USA. So befinden sich in diesen Kliniken, neben der allgemeinen plastisch-chirurgischen Klinik, ein Verbrennungszentrum, eine Abteilung für Kiefer-Gesichtschirurgie und eine Abteilung für Extremitäten-Chirurgie angegliedert. Das beeindruckt den Individualisten, der rasch daraus folgert: Sein Spezialgebiet, die Plastische Chirurgie, ist Team-Work.

Was jedoch treibt diesen Mann in seinem tiefsten Innern jenseits von internationaler Anerkennung und fernab aller Eitelkeit nur an, dass er auch zum Glücksfall für das Kind vom Knieperdamm wird und ihm den Tumor vom rechten Oberarm entschlossen entfernt, sodass der Arm von einer kunstvollen Naht gezeichnet voll funktionsfähig erhalten bleibt?

Erwin Gohrbandt hat sich aus Beobachtungen und Erfahrungen seine ureigene Theorie entwickelt, an die er glaubt und die er praktisch lebt. Und natürlich ist diese Erkenntnis – vor vielen Jahren und in einem kriegerischen Umfeld geboren – nur aus ihrer Zeit zu werten und mit heutigen Moralgrundsätzen nicht leicht in Einklang zu bringen.

Und nur so sind wohl auch die hinterlassenen Worte zu erklären, die er in seiner Sicht auf die Welt formuliert und seinem letzten großen wissenschaftlichen Werk voranstellt, damit sie jedermann nachlesen kann.

„Es zeigt sich immer wieder, dass solche Entstellungen schon im Kindesalter zu Einsamkeit, Verbitterung und ungünstiger charakterlicher Entwicklung führen. Je älter der Mensch wird, desto mehr kommen ihm seine körperlichen Abweichungen zum Bewusstsein. Er empfindet sie in übersteigertem Maße als eine Ungerechtigkeit des Schicksals und gönnt dem Gesunden nicht das Ebenmaß seiner Gestalt. Aus diesen missgünstigen Gefühlen kommt es zum Hass gegen sich selbst und die Umwelt, die den „Gezeichneten" oft von der Umwelt ausschließen. Eine treffende Beschreibung dieser Minderwertigkeitskomplexe und Hassgefühle findet sich schon in Shakespeares Drama „Richard III.". Hier sagt Gloster zu Beginn des Werkes:

„Ich, dem das Ebenmaß des Körpers fehlt, den die Natur um jeden Reiz betrog, den sie verbildet, halb vollendet nur hinausgesandt in die Welt des Atmens, so lahm und unbeholfen, dass der Hunde Gebell mir folgt, wenn ich, vorüberhinke – nur ich weiß in der schwachen Friedenszeit durch keine Lust die Zeit mir zu verkürzen; falls ich im Sonnenschein nicht meinen Schatten betracht und meine Missgestalt bekrittle. Nun, da ich mich zu dieser schönen Tage Ergötzlichkeit nicht zeigen kann als Buhler; will ich als Bösewicht, als einen

Feind der eitlen Lustbarkeiten dieser Zeit mich zeigen. Manche Schlinge legt sich schon, hab‘ manche Pläne voll Gefahr ersonnen, durch trunk’ne Prophezeiung, Schriften Träume, um meinen Bruder Clarence und den König zu gegenseit’gem Hasse zu entflammen.“

„Gegenseitigen Hass“, Gohrbandt hat ihn auf den Schlachtfeldern zweier Weltkriege hautnah erlebt … Diese Entwicklung wollte und will der Chirurg Zeit seines Lebens nicht kampflos zulassen – er will großherzig helfen, wo er kann – und er kann es wie kein anderer Arzt seiner Zeit. Er windet sich durch die Widersprüche und Grauen seines Jahrhunderts und hinterlässt jenseits von leeren Versprechungen und Parolen für ein vermeintliches Menschheitswohl statt dieser Worthülsen würdevolles Leben unzähliger Patienten. Die Motivation zieht er aus der Kunst des Shakespeare‘schen Wortes, um sie mit seiner ärztlichen Kunst zu verbinden und zu vollenden.

Ein Jahr vor seinem Tod 1965 wird Erwin Gohrbandt auf einem internationalen Chirurgenkongress in den USA erneut als der bedeutendste lebende Chirurg gefeiert.

Knapp 13 Jahre zuvor steht ein verunsicherter, jedoch hoffnungsvoller Vater mit seinem sechs Tage alten Sohn in der Moabiter Klinik vor ihm. Ein Sänger aus Vorpommern, ein Künstler aus der Provinz und quasi „ein Landsmann“, wie der

62jährige Professor, der den schmächtigen Theatermann um mehr als eine Haupteslänge überragt, väterlich und wohlwollend schmunzelnd anmerkt.

Die strapaziöse Fahrt in der vollbesetzten Holzklasse des mit einer Dampflok angetriebenen Personenzuges durchleiden und überstehen Günter und Schwester Renate mit dem um Erbarmen schreienden Kind im großen weißen Kissen, vielfach begleitet von Mitleid und guten Wünschen der aus-und zusteigenden Fahrgäste. Man rückt zusammen, schafft Platz, stellt auch das Rauchen ein, um dem Säugling die ohnehin dicke Luft nicht zusätzlich zu beschweren. Was für eine Geschichte ist das, derer sie hier teilhaftig werden.

Der Zug ist nahezu pünktlich. Onkel Adolf erwartet die Drei am Bahnhof Friedrichstraße mit seinem alten DKW, der noch in den Anfangsjahren des Krieges in Spandau gebaut wurde. Und so fahren sie Unter den Linden wenig später durchs Brandenburger Tor nach Moabit.

Erwin Gohrbandt schaut sich den Tumor des kleinen Jungen so an, als gäbe es nichts Normaleres und zugleich Interessanteres auf dieser Welt. Wie ein intaktes Hühnerei ohne Schale lastet die Geschwulst auf dem kleinen Oberarm des sich windenden Kindes.

Günter sagt später: „Es ist, als würde ein Fleischer sein Tagwerk beginnen."

Mit kräftigen Händen drückt der Fleischermeister das Ärmchen, bewegt den Tumor und meint: „Das kriegen wir hin."

Kapitel 21: Vier Jahre später… Theater, Theater

Ich glaube, jeder hat seine Lieblingsschauspieler. Meiner heißt Wolfgang Schmieder. 1956 spielt er am Stralsunder Theater den Müllerburschen im Weihnachtsmärchen „Der gestiefelte Kater“. Ein großgewachsener Mann mit freundlichem Gesicht und warmherziger Stimme. In seiner Rolle trägt er eine praktische Lederweste, ein kariertes buntes Hemd, Knickerbocker und Holzpantoffeln, in denen er sich wieselflink zu bewegen versteht. Ich habe in meinem ganzen Leben keinen Kindergarten besucht. Obwohl meine Eltern mich zweimal anmelden – einmal unweit des Theaters am Knieper Tor, einmal im Kindergarten in der Brunnenaue. Sie bringen es nicht übers Herz, mich auch nur für kurze Zeit allein zu lassen. Also nehmen sie mich immer mit ins Theater. Morgens ab 10 darf ich vom ersten Rang aus alle Proben besuchen, stundenlang. Nach dem Mittagessen bin ich wie Mama und Papa, die ein Mittagsschläfchen halten, zu Hause und lasse meine Steintiere, dazu Cowboys, Indianer und bunte Mensch-ärgere-dich-nicht-Figuren auf dem Teppich Fußball spielen. Die Mannschaften heißen Concordia Tiger oder SV Eintracht Eisbären. Die kleinen Holzfiguren in Grün und Rot, Blau und meiner Lieblingsfarbe

Gelb haben sogar Namen: Scharf und Konz, Neidhardt, Celsius und Örlund.

Später ritze ich Nummern in den unteren Teil der jeweiligen Figur. Die Tore bestehen aus je zwei Türmchen mit schwarzen und weißen fein gesägten Dame-Mühle-Holzscheiben. Die vielen runden Bälle habe ich aus einer braunen Holzkette meiner Mama herausgeschnitten. Ich begeistere mich über Jahre hinweg für dieses einfache Spiel. Auf dem Teppich finden Hallen-Fußball-Weltmeisterschaften statt – stets mit einer siegenden gesamtdeutschen Mannschaft. Immer an Silvester treffen nachmittags die BRD und die DDR traditionell aufeinander.

Abends gehen meine Eltern dann zur Vorstellung ins Theater. Mama arbeitet zunächst als Souffleuse, später in der Requisite. Papa steht auf der Bühne und wird mehr und mehr als Chef-Inspizient des Hauses tätig. Es gelingt ihm, die Regisseure, Dirigenten, Oberspielleiter ebenso zu überzeugen wie die Schauspieler und Sänger, dass sein Sohn dem Probenalltag beiwohnen darf, weil er kein Rüpel, sondern ein artiges Kind ist. Und so genieße ich von den ersten Stellproben an die großen Werke der Oper, die unterhaltsamen, spritzigen Operetten, Perlen des Balletts und auch die Märchen, die gerade zur Weihnachtszeit täglich mehrfach zur Aufführung gelangen. Die Welt, die sich mir eröffnet, ist faszinierend, die Menschen, die ich kennen lernen darf, sind jeder für sich einzigartig. Auch im normalen Alltag spielen sie Rollen, mal laut, mal leise, doch immer authentisch. Und so sind sie für mich auch auf der Bühne. Im „Freischütz“ allerdings wundere ich mich, warum Max beim Erwachen verzweifelt, weil er, von einem Fluch besessen, seine Agathe im weißen Kleid für eine Taube hält und sie mit gezieltem Schuss vom Baum holt. Denn Agathe wird von Gertraude Wildgrube verkörpert. Und Frau Wildgrube ist eine sehr kräftige Frau, doppelt so alt und dreimal so schwer wie der schmucke Max. Erst später erkenne ich, dass Gertraude eine warmherzige, mütterliche Frau ist, die allen Respekt der Welt verdient, auch als Taube auf dem Baum.

Meinen ersten nachmittäglichen Abstecher erlebe ich dann mit dem „Gestiefelten Kater“ im Theater Barth. Das Ensemble gastiert im neuerbauten Kulturhaus der Zuckerfabrik, das auch als Theater genutzt wird. Diesmal stehe ich hinter der Bühne am Inspizienten-Pult meines Papas. Der Blickwinkel ist ein ganz anderer. Man verfolgt das Spiel von der Seite, wo Papa dafür sorgt, dass niemand seinen Auftritt verpasst, dass die Beleuchtungsstimmung sich mit der Musik in Einklang befindet, dass der Vorhang rechtzeitig auf- und zugeht. Ich höre die Reaktionen der vorwiegend kindlichen Zuschauer. Sie jubeln und stöhnen an nahezu denselben Stellen, die mir aus den Proben so gegenwärtig sind. Ich wage, kurzzeitig der Kontrolle meines Papas entzogen, den Blick um die Ecke, sodass Teile des Publikums mein Gesicht sehen. Es wird gelacht. Die Komödianten auf der Bühne sind verwundert – niemand hat auch nur ansatzweise einen Witz gemacht, Lacher an dieser Stelle sind gänzlich unmotiviert. Ich habe den Kopf längst zurückgezogen. Doch auf Grund des kurzzeitigen Erfolgs schreit in mir alles nach Wiederholung. Ich wage sie. Mein um die Ecke gedrehter, seitwärts geneigter Kopf ist nun für ein breiteres Publikum sichtbar und verharrt länger im rechten unteren Bühnenbereich. Ich spüre, dass mein Publikum auf diesen Moment gewartet hat, das Überraschungsmoment hat sich bei den Barther Theaterfreunden herumgesprochen, denn jetzt entlädt sich die Spannung fast tumultartig. Mit einem plötzlichen Ruck befinde ich mich in den Armen des Inspizienten, der mein Interesse für das jugendliche Publikum in diesen Momenten nicht teilt. Der gestiefelte Kater und sein Gegenspieler, der gerade dabei ist, sich in eine Maus zu verwandeln, stoppen ihre noch verbale Auseinandersetzung, denn auch sie haben den nicht eingeplanten Kopf entdeckt. Zeitgleich legt Müllerbursche Hans alias Wolfgang Schmieder hinter der Bühne seine Hand auf Papas Schulter. Sekunden später ist der Zauberer auf der Bühne nach einem Donnerschlag für immer verschwunden, der gestiefelte Kater putzt sich den Mund ab. Das Publikum jubelt und ist jetzt bereit das große Finale textgetreu zu verfolgen. Zwei Seelen schlummern in meiner vierjährigen Brust. Hier das schlechte Gefühl, einen schweren Fehler begangen, da die Wonne, nur mit dem Gesicht fröhliche Aufmerksamkeit erreicht zu haben.

Aus, das Spiel ist aus, Beifall brandet auf, der Zauberer verneigt sich, der gestiefelte Kater, die Prinzessin, die Brüder des Müllerburschen Hans betreten ein letztes Mal die Bühne. Da spüre ich, wie mir Müllerbursche Hans seine schwere Weste überwirft, ich schlüpfe überrascht und zugleich freudig mit beiden Armen in das Kostüm, das den Boden streift und schreite mit Hans-Wolfgang und allen Mitwirkenden auf die Bühne. Der Beifall wird noch einmal stärker, mischt sich mit fröhlichem Gelächter, ich verneige mich, vor dem Publikum und vor Wolfgang Schmieder.

Ich weiß nicht allzu viel, was aus meinem Star der Kindheit geworden ist, in welchen Engagements er später hoffentlich seine Erfüllung und sein Auskommen als Schauspieler erhalten darf. Vielleicht hat er auch geahnt, dass der kleine Westenträger nur wenig später auf der Stralsunder Bühne stehen wird – mal in der Bauernkriegsoper „Der arme Konrad“ als Träger des Frühlingsvogels, mal als flüchtendes Kind vor den Häschern des Macbeth in der gleichnamigen Verdi-Oper.

Hier konnte ich mein Leid künstlerisch überzogen in den Armen und am üppigen Busen der zauberhaften Chorsängerin Waltraud Buschendorf ausspielen. Meine Furchtsamkeit und mein zartes Gewicht waren geradezu prädestiniert, um sich während der nicht enden wollenden Arie des Macduff an Frau Buschendorff zu kuscheln – und Waltraud ermutigt mich von Vorstellung zu Vorstellung mein Talent noch intensiver und somit voll zur Geltung zu bringen.

Kapitel 22: Berlin im Frühsommer 1952

Erwin Gohrbandt kriegt es hin. Der Oberarm des Säuglings, der auf der Station der Moabiter Klinik rund um die Uhr liebevoll versorgt und gepflegt wird, ist kunstvoll operiert, die Naht sitzt und schlängelt sich wie die Gräte eines Fisches rot leuchtend vom Ellenbogen bis zur seitlichen rechten Schulter, und nach Tagen der Ruhe fuchtelt der kleine Junge mit beiden Armen in seinem rührend vom Personal organisierten Himmelbett, als würde er einen Sieg bejubeln. Und es ist ein Sieg für die Hoffnung – für das Kind, seine Eltern, für die ärztliche Kunst. Ein Wunder ist geschehen.

Der Frühling des Jahres 1952 gleitet in seiner Frische unter dem meistens bewölkten Himmel in den Frühsommer, und an der Ostseeküste ist es immer etwas kühler. Doch am Knieperdamm sprechen die Menschen nur wenig über niedrige Temperaturen, den Regen oder fehlenden Sonnenschein.

Vorfreude und Ungewissheit bestimmen die Gedankenwelt der jungen Eltern, der Familie am Knieperdamm, der Großmutter Lieschen und ihren halbwüchsigen Kindern Waltraud und Dieter in Schwerin. Die erfolgreiche Operation, der Erhalt des Lebens und des so heftig geschädigten und nun geheilten Ärmchens, wird in all den Glücksgefühlen mit zaghaften Ahnungen konfrontiert, mit

Ängsten und Fragen, ob der gerettete Arm mit Knochen und Muskeln, mit Haut und Nerven ohne Einschränkungen allen Herausforderungen gewachsen sein wird. Die gewaltige Narbe ist ein bleibendes Mal, das in den Umkleideräumen der Turnhalle, am Ostseestrand, im Bett der ersten Liebe für Verwirrung und Schrecken sorgen kann und nur für den Träger selbst eine immerwährende Erinnerung voller Dankbarkeit und Überwindungskraft bleiben wird.

Günter und Edeltraud dürfen endlich ihr Kind besuchen und machen sich auf den Weg nach Berlin. Onkel Adolf und Tante Lotte freuen sich auf den Neffen und seine junge Frau. Der großzügige, gutherzige Malermeister hat bei seiner Bank längst eine größere Ausgabe angekündigt, und er wird dabei sein Lächeln in der Filiale zurückgelassen haben, das stets seinen Mund und die unvermeidliche Zigarette darinnen umspielt und dem hellen, hageren Gesicht unendliche Freundlichkeit verleiht. Nie hört man ein lautes Wort, doch, wenn erforderlich, stets bescheidene und doch so klare Sätze, an deren Aussagekraft niemand zweifeln muss. In Hohenschönhausen feiert die Kindl-Brauerei in diesen Sommertagen ihren 80. Geburtstag – und das Ehepaar Rachow ist eingeladen. Wie selbstverständlich reicht Onkel Adolf die persönliche Einladung an seine jungen Gäste weiter – eine heile Welt voller Freibier und Lebensfreude in einer immer noch weitgehend zerstörten Stadt. Doch bevor sich das Paar aus dem tiefsten Nordosten zuprosten wird, eilt es nach Moabit. Seit dem 27. Mai haben die Machthaber in Ost-Berlin sämtliche Telefonverbindungen in den Westteil gekappt. Und so weiß niemand, wie viele Tage oder gar Wochen der kleine Junge in Berlin bleiben muss. Doch noch können Fahrzeuge nahezu ungehindert die Sektorengrenzen überqueren, und so fahren Mutter und Vater, auf der Rückbank sich fest die Hände haltend im Wagen des Onkels, an dessen Seite die fröhliche Lotte sich unablässig umdreht und beruhigend auf Günter und Edeltraud einredet, in die westliche Welt.

Es ist ein früher Nachmittag in Moabit. Die Sonne scheint jetzt auf das frische Grün der Bäume vor der Klinik. Die Eltern steigen die wenigen Stufen der Freitreppe hinauf und erreichen die Anmeldung, hinter deren Glasbegrenzung sie ein fragender Blick der diensthabenden Schwester mustert. Nur wenige Worte – das Gesicht der jungen Frau unter dem weißen Häubchen erhellt sich und strahlende Augen erkennen die Eltern des jüngsten Patienten ihres berühmten Professors. Es bleibt noch ruhig in den Fluren der Klinik, die Besuchszeit ist weit unterschritten, doch die Schwester geleitet die zwei Altersgenossen aus dem Osten in jene Abteilung, in welcher das winzige Kind mit der großen Wunde betreut wird. Angemessenen

Abstands folgt Onkel Adolf mit seinem vom vielen Gebrauch abgenutzten Lederbeutel, dessen Riemen er über die rechte Schulter gelegt und mit der Hand zwischen Taille und Ellenbogen abgestützt hat. Sein Verstand leitet ihn zu dem Resultat, dass – auch wenn zunächst nur ein Besuch ansteht - gute Arbeit angemessen und schnell bezahlt werden muss, zumal auch der Ost-West-Geld-Umtauschkurs in diesen Tagen schwersten Schwankungen unterliegt. Also hat er die hart verdienten Ersparnisse in beiden deutschen Währungen dabei. Wenige Meter hinter ihm eilt seine Lotte über den Gang, an dessen Ende bereits die Stationsschwester auf die Besucher wartet.

Nein, Professor Gohrbandt ist in diesen Tagen nicht in Berlin, aber er begleitet, fördert und dokumentiert den Fortgang der Heilung nach der außergewöhnlichen Operation, um ähnlichen Wagnissen in der chirurgischen Praxis mit einem weiteren Beispiel Mut zu machen. Der nur wenige Tage alte Patient ist auf allen Fluren der Klinik berühmt, und das Team in Moabit ist stolz darauf, für das Überleben und die Unversehrtheit des Kindes seinen Beitrag leisten zu dürfen. Und nach Wochen der liebevollen Betreuung heißt es sehr plötzlich, Abschied zu nehmen.

Edeltraud und Günter sind überrascht und können nach wenigen Augenblicken wortlosen Staunens wohl ihr Glück nicht fassen, als die Stationsschwester sagt, dass die Eltern mit ihrem Jungen sofort nach Hause fahren könnten. Die Rückfahrkarte ist auch erst für den morgigen Tag gelöst. Der Abstecher nach Berlin soll ja außerdem mit einem Besuch der Kindl-Brauerei abgeschlossen werden, bevor es zu zweit, den zukünftigen Abholtermin des Säuglings datiert, mit guten Gedanken zurück zum Knieperdamm geht.

Das Gesicht der erfahrenen Schwester leuchtet unter dem schneeweißen Häubchen, und mit einem Lachen zerstreut sie jede aufkommende Peinlichkeit. „Gehen Sie nur ein bisschen feiern, wer weiß, wann Sie wieder nach Berlin kommen können! Wir behalten unseren jüngsten Patienten gern noch eine Nacht bei uns – machen Sie sich keine Sorgen, gar keine!“

Auch Onkel Adolf schmunzelt, seine Augen glitzern kurz, bevor links und rechts zwei, drei Tränen über die Wangen springen. Eine weitere Nacht und wer weiß, wie viele folgende Tage und Nächte, sind von ihm einkalkuliert in der Rechnung, deren Begleichung der Malermeister ohne Wenn und Aber übernehmen wird. Dass das Kind als geheilt schon jetzt entlassen werden kann, überrascht und stimmt ihn froh. Und so presst er den Riemen seines Lederbeutels in Schulterhöhe zwischen Daumen und Faust seiner kräftigen und doch so feingliedrigen Hand und zieht das Geld, das er morgen auf den Kliniktisch legen wird, fest an den Rücken, hinter dem die kleine Lotte ihre Augen ins weiße Taschentuch mit den Stickereien kleiner Fantasievögel gedrückt hat.

Dann betreten Edeltraud und Günter das kleine sonnenlichtdurchflutete Zimmer, in dessen Mitte von Tischchen und kleinen Schränken umgeben ein Himmelbettchen steht, dessen Zudecke – ein blauweißes Kissen – sich leicht auf und ab bewegt. Der Patient ist hellwach, dunkle, glänzende Augen erblicken von ihren Gefühlen überwältigte, vor Freude weinende Eltern, zwei zappelnde Ärmchen recken sich den Besuchern entgegen.

Kapitel 23: Berliner Mauer Postenturm Reichstag 13.8.1971

Freitag, der Dreizehnte August… Ich sitze auf einer Holzplatte mit in die Wand eingelassener Eisenhalterung am Fenster des Postenturmes nur wenige Meter vom Berliner Reichstag entfernt, der die vor ihm aufgetürmte weiße Wand mit aufgesetzter Betonrolle weit und mächtig überragt. Auf meinem Schoß halte ich eine Maschinenpistole Kalaschnikoff mit dreißig Patronen im Magazin… Munition zur Benutzung, falls es einem Menschen aus Ost- oder West-Berlin einfallen sollte, die Grenze des Arbeiter-und Bauernstaates nach dem Warnruf „Halt, Grenzposten!“ zu verletzen. Diese Grenze kennt die Welt seit nunmehr 10 Jahren. Im Osten wird das Bauwerk aus Beton, Stahl und Stacheldraht als Erfolg gefeiert, im Westen als Drama deutscher Geschichte betrauert und verurteilt.

Fast auf den Tag genau vor einem Dreivierteljahr, in den verregneten Morgenstunden des dritten November 1970, werde ich zum Grundwehrdienst ins Grenzausbildungsregiment 39 nach Berlin-Wilhelmshagen eingezogen. Ein Sonderzug bringt uns auserwählte Stralsunder, später auch die Rostocker und Neubrandenburger auf Umwegen über lange Stunden in den Südosten Berlins. Monate zuvor werde ich bei der Musterung im Wehrstützpunkt in der Stralsunder Wasserstraße als

Funker für die Nationale Volksarmee registriert. Doch auf dem Einberufungsbefehl steht schließlich „Grenze Berlin“ – so wie bei vielen jungen Leuten aus Regionen, in denen Westfernsehen nicht empfangen werden kann. Nicht einer der Männer in diesem Zug, alle zwischen achtzehn und etwa fünfundzwanzig Jahren alt, hat sich freiwillig gemeldet, um ausgerechnet an der Mauer die mindestens geforderten achtzehn Monate zu dienen. Wenige Tage vor der Einberufung begegne ich Note, meinem Freund Bernd Nowak, der Ende Oktober nach anderthalb Jahren Berlin wieder nach Hause kommt. Er schmunzelt wissend, als ich ihm erzähle, was mir bevorsteht. Der vor knapp zwei Jahren noch schmächtige Note hat an Gewicht zugenommen, das spricht für die ausreichende Verpflegung der Mauerschützen, zu denen ich bald gehören werde und vor denen es aus meiner Sicht in dieser Zeit als achtzehnjährigem Abiturienten kein Entrinnen gibt. Bernd spricht leise und sagt: „Halte dich bei Schießübungen zurück, entwickle keinen Ehrgeiz, gut zu treffen, pfeife auf die Schützenschnur, sie werden dich dafür nicht lieben, manchmal bestrafen, aber das hält man aus… einen Toten durch eigene Schuld hält man nicht aus…“ Ich gucke ihn an, doch Note schüttelt seinen rothaarigen Kopf: „Nein – ich musste nicht schießen…“ Er atmet tief durch und sagt noch:

„Wilhelmshagen… Ich drücke dir die Daumen, dass du nicht in der Ersten Kompanie bei Penkes Partisanen landest…“ Er lacht. Wenig später schlafe ich in einem von vier Doppelstockbetten in einer Holzbaracke - natürlich unter dem Kommando des berüchtigten Hauptmanns Penke. Sein Lieblingslied heißt „Grün ist meine Waffenfarbe, die so stolz ich trag“ – und das bringt er uns durchgängig brüllend an einem verregneten Vormittag persönlich bei. Es geht die Legende um, dass er auf einem Bauernpferd in ein Gasthaus des Truppenübungsplatzes Neu Zittau geritten sei und mit seiner Dienstpistole ein ausgestopftes Eichhörnchen neben dem Tresen von der Wand geschossen habe. Ich glaube es nicht, obwohl ich dem kleinen dicken Hauptmann diese Tat zutraue. Ich bin Teil des dritten Zuges eines Leutnants Braun, der mit seinem durch eine Verbrennung verunstalteten Gesicht vergeblich versucht, Güte und Verständnis auszustrahlen. Hier gehöre ich zur Gruppe des blonden Unterfeldwebels Fuhrmann. Der verschmitzt dreinblickende Vorgesetzte fragt mich schon wenige Tage nach Bezug der Unterkunft nach meinen deutschen Orthografie-Kenntnissen und merkt sehr schnell, dass ich als Schreiber seines Gruppenbuches geradezu prädestiniert bin. Und so eilt er mit den von mir verfassten Zwischenberichten im sozialistischen Wettbewerb von Sieg zu Sieg. Ich sitze nun häufig in seinem Zimmer vor dem königsblauen Tagebuch, trinke Kaffee, dessen Wasser er mit meinem von ihm aus Brandschutzgründen konfiszierten kleinen Tauchsieder erhitzt, und esse gedeckten Apfelkuchen aus der nahen Dorf-Bäckerei, während draußen auf dem Kasernenhof im Zentrum des Barackendorfes der ersten Kompanie „Rechts um!" oder „Tiefflieger von links" gebrüllt wird und die Geräusche des Schotterbelages scharrende Stiefel und fallende Körper erkennen lassen.

In den kalten Monaten bis Januar kommt die Ausbildung für den Grenzdienst dann offenbar zu kurz. Wir Jungsoldaten helfen in der Druckerei der Tageszeitung der SED, „Neues Deutschland", der die Mitarbeiter mit grippalen Infekten ausgefallen sind – ich fahre Gabelstapler und transportiere riesige Papierrollen durch eine Halle in Richtung der Druckmaschinen.

Unser Zug wird in der nassen Kälte des Wintermorgens auf der Ladefläche eines grünen LKW W 50 von Wilhelmshagen in die Ostberliner Innenstadt gekarrt. In der Kantine der Druckerei bekommen wir frische Brötchen mit Butter, Leberwurst und Käse, dazu Kaffee oder Kakaomilch aus Viertelliter-Kunststoff-Packungen mit braunweißen dreieckigen Flächen.

Wenig später helfen die Kompanien aus Wilhelmshagen beim Einräumen des neuen Centrum-Warenhauses am Alexanderplatz. Dazu wird ein provisorischer Weg zwischen dem alten Kaufhaus und dem neuen Gebäude mit einer links und rechts eingezäunten Schneise eingerichtet, auf der wir die Sortimente zwischen Kosmetikartikeln, Bekleidung und Kochtöpfen transportieren. Die Menschen zwischen der zum Zwanzigsten DDR-Jahrestag errichteten Weltzeituhr und dem ebenso jungen Brunnen der Völkerfreundschaft bestaunen den Warenstrom in den Händen der angehenden Grenzsoldaten. Ein Passant fragt, ob bereits an einer neuen Mauer quer über den Alexanderplatz gearbeitet wird. Wir lachen gemeinsam, die Unteroffiziere sind weit weg, der Spaß hält sich in Grenzen und vielleicht ist der Passant selbst ein Offizier im besonderen Einsatz. In diesen Tagen und Stunden bleibt die Stimmung entspannt, die wirkliche Mauer, auf die wir vorbereitet werden, ist weit weg.

Am meisten belastet – nicht nur mich – das Heimweh. Es gibt nur wenig Urlaub, um den man auch noch betteln muss. Ich habe Sehnsucht nach dem Knieperdamm, nach dem alten Leben, das ich erst jetzt richtig zu schätzen vermag.

Die Liebe meiner Eltern begleitet mich zwischen dem abrupten Erwachen in der Früh durch die befehlenden Schreie zu Frühsport und dem samstäglichen „Decken klopfen“ über den Tag bis zum meist schnellen Einschlafen in den späten Abendstunden. Nach dem Putzen der Stiefel und peinlichen Gesundheitsprüfungen in der abendlichen Gemeinschaftsdusche – „Vorhaut zurück!“ – geht es irgendwann in eins der 4 Doppelbetten des kleinen Zimmers mit sieben weiteren Jungs. Unter ihnen Soldat Gnewuch aus einem Dorf der mecklenburgischen Seenplatte, der bei jedem Abendappell neben mir in der Reihe stehend im breitesten Norddeutsch flüstert: „Jetzt sind wir verraten und verkauft.“

Von Januar bis April wird die Ausbildung für den Grenzdienst verschärft. Mindestens einmal in der Woche reißt uns der Ruf „Gefechtsalarm“ nachts aus den Betten. Es kommt in diesen vier Monaten oft vor, dass ich meinem Papa Günter von Herzen danke, wenn ich die körperlichen Herausforderungen überstehe. Er tut, seit ich die ersten Rutschversuche und ungelenken Schritte auf den knarrenden Dielen unserer Wohnung unternehme, alles für meine sportliche Entwicklung. Ich kann schnell und ausdauernd laufen, hoch und weit springen, werfe den Schlagball über die vierzig Meter und den Handball per Sprungwurf über die sich reckenden Hände der Abwehrspieler hinweg in alle vier Winkel des Tores. Ich lande in der führenden Stralsunder Fußballmannschaft und werde von meinen Mitstreitern schließlich zum Mannschaftskapitän gewählt. Wir spielen gegen die besten Vereine des Landes und treffen auf gleichaltrige Jungen, die später in der DDR-Nationalmannschaft von sich reden machen wie Gerd Kische, Rüdiger Schnuphase und Joachim Streich. Mein Vater ist immer dabei. Zu den Auswärtsspielen fährt er mit dem blauen Motorroller. Er steht dann ruhig in einer der jeweiligen Stadionkurven, schaut mir zu, und ich spüre seinen Stolz, wenn ich ein Tor erziele oder mit weiten Einwürfen die gegnerische Mannschaft überrasche. Einmal fliege ich nach einem Eckball waagerecht durch die Luft, ziehe beide Unterschenkel an und erziele per Hacke ein Tor – da streckt Papa die Hände gen Himmel und sagt mir zu Hause: „Wie Fritz Walter!" Dem gelingt ein solches Kabinettstück in den Fünfziger-Jahren mit dem 1. FC Kaiserslautern bei einem deutsch-deutschen Duell in Leipzig gegen Wismut Aue. Fritz Walter – das Wunder von Bern – es hat uns geprägt und die Sehnsucht nach einem geeinten Deutschland wachgehalten.

Jahrzehnte später frühstücke ich in der Nalepastraße in der Kantine des Funkhauses der DDR mit Wolfgang Hempel, der 1954 aus Bern für den Osten das Endspiel im Radio mit der Auflage kommentiert, nur für die befreundeten Ungarn Emotionen zu erzeugen – nach dem Spiel hat er Tränen in den Augen und unterdrückt seine schluchzende Freude über den gewonnenen Weltmeistertitel.

Mir hilft meine sportliche Grundausbildung beim Überstehen der härtesten Aufgaben in der Vorbereitung auf den einjährigen Grenzdienst, der bittere

Tatsache und zugleich ein Symbol für die feindselige Spaltung Deutschlands ist.

Bei längeren Fußmärschen trage ich ein, zwei Waffen mehr und entlaste damit erschöpfte Kameraden. Auch den Soldaten Jahn. Niemand begreift, was er eigentlich in der Wilhelmshagener Kaserne zu suchen hat. Er ist Berliner und wohnt um die Ecke in Friedrichshain. Oft wird er im Besucherraum der Kaserne von seiner Familie beglückt, die ihm neben Zigaretten, Kuchen und heißen Goldbroilern stets eine Flasche Schnaps mitbringt. Seine Kondition leidet wohl, aber er teilt gern und gehört zu den fröhlichsten Soldaten des Grenzausbildungsregiments 39. Manchmal wird er bei Kontrollen nach Besuchsschluss mit der Flasche erwischt, meistens nicht. Unterfeldwebel Fuhrmann – selbst Alkoholiker – bittet mich, um den Leistungsstand seiner Gruppe nicht zu gefährden, die Patenschaft über den fast zwei Meter großen Soldaten Jahn zu übernehmen. Das mache ich gern. Fortan helfe ich ihm, sich belanglose Phrasen des obligatorischen Politunterrichts einzubläuen. Abends trinken wir gemeinsam, wenn mal wieder Besuch gekommen ist, den billigsten Fusel, den wir auf einer Müllkippe hinter der heimischen Holzbaracke gekonnt getarnt und gut gekühlt aufbewahren.

Bei einem der seltenen Ausgänge nimmt er mich mit zu seiner Familie in die Bötzowstraße. Es sind einfache nette Leute und eine anziehende, natürlich sehr große Schwester, die beim Abschied im dunklen Treppenhaus meine bisherigen Vorstellungen von Küssen und liebevollen Zuwendungen deutlich und tatendurstig erweitert. Ich habe sie nie wiedergesehen. Ihrem Bruder begegne ich nach der Versetzung an die Grenze im Flammenwerfer-Zug meiner neuen Kaserne im Grenzregiment 35 in Rummelsburg. Gleich nebenan steht jene Haftanstalt aus roten Backsteinen, in der bis zur Wende Grenzverletzer und Spione aus dem Westen einsitzen. Der prominenteste Kriminelle Anfang der 90er-Jahre ist Erich Honecker, der beim Bau der Mauer durch Zuverlässigkeit und seinen Einfallsreichtum bei der Gestaltung der Details besticht.

Auch in Rummelburg – einer Kaserne aus modernen Plattenbauten und alten Stein auf Stein geschaffenen kleinen Häusern – denke ich sehnsuchtsvoll und dankbar an die gerade beendete Schulzeit.

Die Jahre auf der Erweiterten Oberschule machen mir überwiegend Freude, auch wenn für mich der Übergang in die weitaus anspruchsvollere, weil bereits studienvorbereitende Phase des Lernens kompliziert wird. Die naturwissenschaftlichen Fächer, dazu Astronomie und vor allem Mathematik, bereiten mir Schwierigkeiten. Aber irgendwie komme ich da durch, auch wenn sich mir das Prinzip der vollständigen Induktion niemals erschließt und ich mich an Kurvendiskussionen – zumindest in der Mathematik – nicht beteilige. Dennoch eröffnet mir in Klasse zehn die Fachlehrerin Frau Krusch mit alternativloser Bestimmtheit:

„Sie nehme ich nicht mit in die Höhere Mathematik!“ Als Geschichtsliebhaber denke ich neidvoll an die alten Römer, für die „X“ immer „10“ ist. Meine Lage als Ost-Germane scheint hoffnungslos.

Zwei Umstände kommen mir zu Hilfe: Zunächst mein Klassenlehrer, Günter Witt, er unterrichtet Englisch und Deutsch in einer strengen Freundlichkeit, die ungewöhnlich und leistungsfördernd ist. Die Interpretation der Grund-, Haupt- und Nebenwidersprüche in Goethes „Egmont“, die ich an der Tafel vor der Klasse zu leisten habe, beurteilt er mit „Brauchbar“ – knapp 25 Schülerinnen und Schüler jubeln mir zu, sie wissen, „Brauchbar“ ist Herrn Witts höchstes Lob. Er weiß, dass ich niemals Mathematiker werden kann, aber er möchte, dass ich das Abitur schaffe und zuvor die elfte Klasse erreiche. Günter Witt achtet darauf, dass ich nicht Physik- und Mathematikarbeiten schwänze, sondern durch die Hölle dieser Prüfungen gehe. Dennoch täusche ich bei einer bevorstehenden Leistungskontrolle eine Erkältung vor, bleibe zu Hause – Mama Edeltraud unterstützt das natürlich, indem sie mir noch ihren bunten Kaschmir-Schal aus dem „Exquisit“-Laden aufs Bett wirft, während Herr Witt bereits klingelnd vor unserer Tür und wenig später an meinem Krankenlager steht. Er lächelt, wünscht mir gute Besserung und sagt:

„Morgen schreibst du die Arbeit nach. Nimm dein Physikbuch… und nimm den Schal ab."

Dann kommt Weihnachten 1968. Ich besuche am Heiligen Abend die Nikolaikirche, in der ich zwei Jahre zuvor konfirmiert wurde. Das gewaltige Gotteshaus am Alten Markt ist gut gefüllt, die Menschen in den Kirchenschiffen rücken eng zusammen. Ich setze mich links in die Ecke einer hinteren Kirchenbank, die Dame rechts von mir rückt automatisch ein Stückchen nach innen. Unsere Blicke treffen sich – es ist Frau Krusch. Ihre auf den mathematischen Deppen gerichteten staunenden Augen entwickeln einen überrascht-freundlichen Blick, wir beten an diesem Abend gemeinsam, wir singen „Stille Nacht" und „Oh, du fröhliche", wir wünschen uns ein gesegnetes Fest, und sie nimmt mich in den noch verbleibenden Monaten ernsthaften Begreifens unzähliger Unbekannter mit in die Höhere Mathematik – geduldig und verständnisvoll.

Herr Witt wird nach Denunziation durch eine Mitschülerin, die ihrem Vater erzählt, dass er Arbeiterkinder – also sie selbst – im Unterricht benachteilige, auf eine Polytechnische Oberschule zwangsversetzt. Er hat wenige Freunde im Lehrerkollegium, insbesondere den Genossen ist der kluge, bei den Schülerinnen und Schülern beliebte Mann ein Dorn im Auge. Wir erfahren von seiner Versetzung bereits in den Ferien, den Grund kennen wir noch nicht. Zum Auftakt-Fahnenappell des Schuljahres 1969/70 erscheinen Mädchen und Jungen unserer Klasse nicht im Blauhemd der FDJ, sondern in Schwarz. Die Reaktion der Schulleitung ist milde, man weiß, noch ein Jahr, dann ist diese schlimme Klasse verschwunden. Der neue Klassenlehrer heißt „Wascheszio". Niemand wird mit ihm tauschen. Der Direktor, Herrmann Nernst, steht noch einmal an der Schultür und reicht jedem Jungen ein Mark-Stück. „Erst, wenn ihr zum Friseur gegangen seid, kommt ihr hier wieder rein."

Wir stehen vor dem Abitur. Es darf keine Vier in Mathematik geben, sonst ist das Gesamtprädikat „Gut" nicht zu erreichen und die Chancen auf einen Studienplatz sinken. Ora et labora ja – ich bete und arbeite, erreiche in der schriftlichen Mathematik-Prüfung eine Zwei, auf dem Zeugnis steht nirgendwo eine Vier. Ich werde bei der feierlichen Abschlussfeier im Theater Stralsund als einer der Ersten auf die Bühne gerufen, bekomme dort mein Abiturzeugnis, während Papa hinter der Bühne den Kollegen auf dem Schnürboden Signale für die Beleuchtung gibt. Er ist glücklich und nimmt es – nur kurz – in Kauf, dass auf der Abiturfeier am Abend Direktor Nernst meine Mama zum Tanz auffordert. Geschmack hat er – von Haarfrisuren jener Zeit mal abgesehen.

Jetzt hätte er seine helle Freude an mir, die Haare sind kurz geschoren hier auf dem Postenturm am Reichstag, und ich beschütze ihn, der als Fachlehrer für Staatsbürgerkunde alles tut, um junge Männer für den Wehrdienst zu begeistern; freiwillig drei Jahre zu Lande, vier Jahre bei den Seestreitkräften.

Viele, viele Briefe schreibe ich nach Hause an meine Eltern, an Mäusi und Christa, an alle Verwandten, an Klassenkameraden und Freundinnen…

Sämtliche Briefe aus diesen achtzehn Monaten habe ich aufbewahrt – und jeder einzelne kündet einerseits von einer sinnlos vertanen Zeit in flachen Worten, von denen man schnell weiß, dass nicht nur der Adressat sie liest, jedoch andererseits erfahre ich wieder von Verantwortung und Dankbarkeit, von Hoffnung und Liebe. Und die Zeilen des damals noch nicht Zwanzigjährigen bestätigen mir – niemals würde er den Versuch unternehmen, und sei er noch so leicht zu realisieren, beispielsweise auf dem riesigen menschenleeren S-Bahnhof Potsdamer Platz unter Tage mit wenigen Schritten in die Freiheit zu fliehen. Die Konsequenzen für meine Eltern, für die Verwandten am Knieperdamm wären furchtbar. Und auch die Strafe für den zweiten Mann, der da mit mir den „Klassenfeind“ zu beiden Seiten der Friedensgrenze fernhält, ist von mir nicht zu verantworten. Wie sollte er mich zurückhalten, nachdem er mir vertrauensvoll seine Waffe hinterlässt, schnell die Toilette aufsucht und glaubt, ich starre auch für ihn derweil auf das Gleisbett in die feindliche Richtung. Wir sind hier fast alle Verbündete für uns und unsere Familien, ganz anders als es die Kommandierenden glauben wollen und doch ahnen… Und dennoch bewachen wir Tag und Nacht beleuchtete, geharkte Grenzstreifen, auf denen sich Kaninchen tummeln, deren Schatten menschengroß werden und oft für Angst und Verwirrung sorgen, wir blicken in Gartenkolonien, auf Straßen und Plätze des Lebens im Westen der geteilten Stadt und mit dem Fernglas auch in fremde Fenster… Von den gegenüberliegenden Balkonen richten sich zum Jahreswechsel Feuerwerksraketen auf die nahen Postentürme, die dann im Sand der Grenze verpuffen. Nachts gönnen wir uns in den nicht enden wollenden acht Stunden Wachdienst, je nach Vertrauenslage zum zweiten Mann auf dem Turm, Schlaf, für jeden immer mal ein Stündchen…

„Harren und hoffen“ – das sagt sich Edmond Dantes, der spätere Graf von Monte Christo… Das Harren am Grenzstreifen zieht sich wie im Château d’If in schmerzende Längen, doch im Gegensatz zu Edmond weiß ich, das Ende der Gefangenschaft nähert sich für mich im April 1972, das Hoffen orientiert sich auf eine nicht definierbare Zeit, in der diese Mauer fällt.

Doch zunächst geht es darum, keinem zu schaden. Wir sitzen und stehen, gucken und lauschen, und wir wünschen uns nichts sehnlicher, als dass niemand kommt und sich selbst wie auch uns in Gefahr bringt…

Aber was tun, wenn tatsächlich das Drama eintritt? Immer wieder steht diese eine Frage im engsten Raum, da wir potenziellen Gewalttäter Rücken an Rücken dort hocken… Und es sind nicht wenige, die mehr oder weniger leise sagen:

„Nein – niemals werde ich auf einen Menschen schießen…" Was aber wirst du tun, wenn du zu ebener Erde einen Kontrollgang machst und plötzlich angegriffen wirst? „Dann ja – dann werde ich mich verteidigen…und außerdem, wer sich auf diesen Todesstreifen begibt, der weiß doch, was passiert – nach zehn Jahren Mauer ist die perfekt gesichert – und über die dreieinhalb Meter hohe Wand kommt kein Mensch… selber schuld! Und außerdem werden die meisten ja schon im Hinterland geschnappt…da steht ja auch schon so ein Riesending, vor dem die Grenzhelfer in Zivil genau hingucken, wer sich da in der Nähe aufhält…" Ausreden und Selbstberuhigung…

Wie man es auch wendet – diese unsinnigerweise als „Antifaschistischer Schutzwall" bezeichnete Betonplattenwand, vor der so viele von Menschen erdachte, teils versteckte Tücken lauern, wie Metall-Roste mit nach oben gerichteten Dornen, elektrische Kontaktzäune, Stacheldraht, Hunde, die an ihren Laufleinen irre werden, ist und bleibt ein Schrecken für jene, die sie einfach nur betrachten, für jene, die sie überwinden wollen, für jene, die sie bewachen und Angst vor den tödlichen Schüssen haben.

Warum bin ich hier? Warum habe ich nicht einfach Nein zum Dienst an der Waffe gesagt? Ich bin getauft, konfirmiert – sie hätten mir geglaubt, dass ich meinem religiösen Gewissen folge, und mich dann als Bau-Soldaten eingezogen. Dort würde ich nur mit Spitzhacke, Spaten und dem Gelöbnis, „die Verteidigungsbereitschaft der DDR an der Seite der Sowjetunion gegen alle Feinde zu verteidigen“, meine achtzehn Monate Wehrpflicht absolvieren können… Oder ich hätte mich dem Dienst in der NVA totalverweigert… Auch dazu sind junge Männer bereit. Auf diese konsequent im Geist der Bergpredigt erzogenen mutigen Menschen warten das Haftarbeitslager Berndshof bei Ueckermünde und seit 1968 das Militärgefängnis Schwedt. Dabei sind dem Abiturienten aus Stralsund, der als Christ dennoch die Erweiterte Oberschule ohne Einschränkungen besuchen darf, in dieser Zeit die Konsequenzen einer Totalverweigerung, die mit Qualen und Schikanen verbunden ist, gar nicht in vollem Umfang so bewusst. Dass dann aber an den

Besuch einer Universität nicht mehr zu denken ist – dazu bedarf es keiner Fantasie.

Und ich möchte studieren. Mein Bewerbungsschreiben an die Sektion Sprach- und Literaturwissenschaft der Universität Rostock wird ohne Aufnahmeprüfung mit der Immatrikulation zum 1. September 1972 beantwortet. Deutsch und Geschichte sind meine Fächer. Ich ziehe – um der SED-Zugehörigkeit zu entfliehen – eine Partei-Mitgliedschaft in der Block-CDU in Erwägung, ein erstes Deckmäntelchen, um in der schizophrenen Gesellschaft der gar nicht so Gleichen bestehen zu können.

Und im täglichen, wie nächtlichen, Angesicht der Mauer sage ich mir zwischen Skylla und Charybdis immer wieder: „Du wirst einfach danebenschießen. Wo du stehst, wird niemand sein Leben lassen.“ Meine Schießergebnisse in den Übungen – und nicht nur die meinen – sind miserabel. Ich glaube und rede es mir ein, dass ich die Lösung für mein Leben bis zur Entlassung aus den Grenztruppen gefunden habe. Und doch weiß ich, dass ich im Grunde nicht nur ein ängstlicher, sondern zugleich auch ein feiger Bursche bin. Wo verläuft sie, die Grenze zwischen Scham und Schuld… Die Helden von heute hätten es natürlich besser gemacht, die Feiglinge von damals haben die Väter an den Pranger gestellt, als sie hörten, welchem Regime sie willenlos folgten, um dann den Stalins und Ulbrichts die Treue zu schwören… Hier sitze ich, ich kann nicht anders. Und ich bitte um Vergebung.

Nun hocke ich am zehnten Jahrestag des Mauerbaus mit einem mir vorgesetzten Postenführer auch auf dem Grenz-Turm am Reichstag… Von mir aus gesehen rechts des beeindruckenden Gebäudes stehen weiße Kreuze, die an die bis dahin 100 Mauertoten erinnern. Über mehrere Stufen erreichbare Podeste, die die Westberliner und ihre Gäste über die Wand schauen lassen, gehören zu den Touristenattraktionen der Stadt. Mal wird gewinkt, mal gespuckt, mal gedroht. Sommer am 10. Mauergeburtstag in Berlin…

Noch eine furchtbar lange Zeit, noch acht Monate, dann bin ich wieder zu Hause am Knieperdamm, wenn nichts dazwischenkommt. Ich blicke Richtung Tiergarten, dahinter nur drei Kilometer Luftlinie die Klinik in Moabit. Wenige Schritte links von mir das Brandenburger Tor, das ich, nur sechs Tage alt, in Großonkel Adolfs Auto mit Papa und auf den Oberschenkeln sicher gehalten von Krankenschwester Renate vor neunzehn Jahren ungehindert von Ost nach West durchquere, um meinen rechten Arm von einem einstigen Vertrauten Görings und dem zugleich berühmtesten lebenden Chirurgen der Welt retten zu lassen… Auf meinen Oberschenkeln ruht jetzt die Kalaschnikoff mit dreißig Patronen im Magazin. Beide Hände halten sie fest.

Kapitel 24: 30. Juni 1952 – Die Rechnung

Die Heilung des Oberarms nach dem heftigen Eingriff geht schnell voran, die Schmerzen scheinen verflogen, der kleine Junge ist dank aufopferungsvoller Pflege in einem bemerkenswert guten Zustand, sodass seiner Entlassung aus der Westberliner Klinik nach knapp drei Wochen nichts mehr im Wege steht. Auch die Heimfahrt per Eisenbahn stellt kein Problem dar. Günter und Edeltraud kommen am Montagmorgen erwartungsfroh und ausgeruht im Auto des Onkels aus Ostberlin über die noch durchlässige Grenze nach Moabit.

Nein, damit haben sie nicht rechnen, darauf haben sie nicht hoffen können – es scheint das Normalste der Welt zu sein, nach all‘ den unter Tränen verbrachten schlaflosen Nächten und traurigen Tagen mit dem genesenen Kind nach Hause zurückzukehren und das gemeinsame Leben in der eigenen kleinen Familie am Knieperdamm zu beginnen. Darauf stoßen sie mit Freibier am Vorabend in der jubilierenden Kindl-Brauerei an. Nur kurz, denn natürlich gilt es, alle Vorbereitungen für die Heimfahrt an diesem Montag zu treffen. Onkel Adolf bietet sich an, die jungen Leute im PKW nach Stralsund zu chauffieren, aber Günter lehnt dankend ab, er weiß, was der Malermeister mit seiner finanziellen Rückendeckung bereits jetzt schon getan hat und dass er nun zur Kasse gebeten wird, in einer Dimension, die im Moment keiner auch nur ansatzweise abzuschätzen vermag. Und er weiß auch, wie viele Aufträge auf seinen Onkel in diesem Frühsommer warten. Außerdem haben die Stralsunder ja ihre Fahrkarten bereits gelöst.

Wieder durchschreiten sie mit der diensthabenden Schwester den unteren Flur der Moabiter Klinik, warten nur kurz vor dem Arztzimmer und werden alsbald hineingebeten. Nein, Professor Gohrbandt ist nicht anwesend, und dabei hätten sich die Eltern so gern ganz persönlich bei dem Retter ihres Kindes bedankt. Sie werden ihm nie wieder begegnen. Der viel gefragte Chirurg wendet sich weiteren Herausforderungen zu, doch auch ihm wird die Operation dieses Säuglings nur wenige Tage nach dessen Geburt in Erinnerung bleiben und zum Erfahrungsschatz, den er an die Nachwelt weiterreicht. Der Stationsarzt nimmt den überschwänglichen Dank der gerührten Eltern mit dem Versprechen, ihn an den Professor weiterzuleiten, lächelnd entgegen, informiert die Eltern über Einzelheiten der gelungenen Operation, nimmt ihnen für den Moment die Zweifel, dass das Ärmchen auf Dauer den normalsten Belastungen nicht standhalten könne, und instruiert sie zu den nun zu leistenden Aufgaben. „In Stralsund wenden Sie sich bitte weiterhin mit unseren besten Grüßen an Professor Volk, er weiß, was zu tun ist und welchem Kinderarzt Sie sich anvertrauen können.“ Er überreicht den Eltern alle notwendigen Unterlagen, wünscht Ihnen viel Glück und bittet sie für alle weiteren Schritte zur Entlassung des kleinen Patienten ins Büro der Oberschwester.

Für die jungen Leute setzt nun nach der erfolgreichen Operation der zweite magische Moment ein, den sie in den aufreibenden Wochen seit der Geburt des Kindes in allen Variationen durchdacht und sich so oder so vorgestellt haben und sich dabei schwören, egal, was es kostet, egal welche Entbehrungen wir in den nächsten Jahren auf uns nehmen müssen, wir arbeiten für das Wunder, das uns letztlich doch geschenkt wurde, wenn es sein muss, ein Leben lang. Sie haben es auch dem großzügigen Onkel versprochen, dass er sein Geld so schnell wie irgend möglich wiederbekommen wird.

Dann geht alles ganz schnell – Edeltraud sagt noch Jahre später: „Es ist wie ein Traum.“

Die Oberschwester begrüßt die drei Gäste in ihrem hellen Büro, blättert in einem Aktenordner, entnimmt diesem ein Blatt Papier, auf dem aber in der Kürze des Augenblicks keine Tätigkeitsnachweise, Operationsdetails, Zwischen-oder Gesamtsummen durch die Familie zu entnehmen sind, selbst der geschäftserfahrene Onkel erkennt nichts, während die Wirklichkeit in den Traum überzugehen scheint und die Gäste diese unglaublichen Worte vernehmen: „Sie müssen nichts bezahlen.

Wir nennen das ‚Ost-Hilfe'." Und diese zwei Sätze unterstreicht die lächelnde Frau mit einem Rotstift, der langsam diagonal über die vermeintliche Kostenaufstellung wandert, welche sodann im Ordner verschwindet.

Weder Edeltraud noch Günter können auch später noch in den Jahren danach ganz genau wiedergeben, welche Gefühle der fassungslosen Freude und Erlösung und Dankbarkeit sie in diesen Sekunden überwältigen. Ja, sie weinen, sie lachen, sie herzen sich, sie umarmen die Lichtgestalt der Oberschwester – ein kurzer Augenblick für die Ewigkeit.

Und dann holen die Eltern ihr Kind, gewickelt und sicher geborgen in einem schneeweißen Tragekissen. Sie bekommen Babynahrung, Windeln, Verbandsmaterial. Auf der Treppe der Moabiter Klinik stehen und winken Erwin Gohrbandts Helferinnen und Helfer, stolz auf ihren Professor und glücklich, etwas ganz Besonderes geleistet und miterlebt zu haben. Und wahrscheinlich ahnen sie, dass man sich in diesem Leben niemals wiedersehen wird, während das Auto des Malermeisters in Richtung Osten der geteilten Stadt aus ihren Augen verschwindet.

Kapitel 25 Der 27. April 1972 – Nach Hause

Ende April ist es kühl und regnerisch im Nordosten. Anderthalb Jahre nach Antritt des Wehrdienstes kehren die als Grenzer verpflichteten jungen Männer aus Berlin in die östlichsten Winkel der DDR und damit in die Heimat zurück. Nur noch wenige Passagiere sitzen oder stehen in den Waggons mit einem weißen Tuch am Hals, auf dem die handgeschriebenen Adressen der Heimkehrer aus dem Vogtland und der Uckermark, aus der Lausitz, dem Oderbruch und von der Insel Rügen vermerkt sind. Die Leidensgenossen wollen in Kontakt bleiben. Gleich hinter Berlin kreisen hochprozentige Flaschen durch die Abteile, jetzt – kurz vor Stralsund – wird es ruhiger, die meisten Jungen sind bereits zu Hause, um die wiedererlangte Freiheit zu feiern.

Oma Engelmann und Tante Susi haben mir kurz vor meinem letzten Heimaturlaub modernste Zivilkleidung aus Dortmund geschickt, Jeans, Strickjacke, T-Shirts mit den olympischen Ringen und dem Aufdruck „München 1972“. Onkel Bruno hat bei seinem letzten Stralsund-Besuch für mich seine Wildlederlammfelljacke in unseren Kleiderschrank am Knieperdamm gehängt. Zuvor mache ich mit meinem Onkel und seiner Familie aus dem Westen in der Gefreiten-Uniform Fotos, die er seinen staunenden Kolleginnen und Kollegen am Theater in

Hannover mit Vergnügen zeigt. Die Kleidungsstücke habe ich nach Abgabe sämtlicher Uniformen und Ausrüstungen angezogen und sehe in Zivil aus, wie einer jener Gäste auf den Podesten vor der Mauer. Hauptmann Tümmler ist beim Abschied von der 3. Kompanie in Berlin-Rummelsburg entsetzt, mich in diesem westlichen Aufzug zu sehen, nachdem er mich wenige Tage vor Ende der Armeezeit noch dazu verdonnert hat, die RPG 9, eine russische Panzerfaust, 30 Kilometer ins Winterlager nach Neuzittau – den Geburtsort des berühmtesten preußischen Scharfrichters, Julius Krautz, – zu schleppen und dort auf ein blinkendes festes Ziel abzufeuern. Auch diese Granate setze ich bewusst in den Sand und verschwinde mehr als eine Minute in Staub und Gestank – nahezu im rechten Winkel zur Waffe liegend, deren Rückstoß gewaltig ist und nach hinten einen langen Feuerstrahl aus dem trichterförmigen Ende bläst, der die Füße zu verbrennen droht. Tümmler ist ein kleingewachsener, bösartiger Mann, dem nie ein Lächeln über das fast weiße sommersprossige Gesicht huscht. Sein dünnes rotes Haar ist fusselig kurz und bedeckt die schneeweiße Kopfhaut, wenn er für Momente die Mütze abnimmt, nur spärlich. Ist er Mitte dreißig oder Ende fünfzig? Uniform und Dienstgrad sind für den stellvertretenden Kompaniechef ein Segen. Kleider machen Leute. Seine Kindheit und Jugend müssen schrecklich gewesen sein. Jetzt revanchiert er sich und schikaniert als Kommandeur Grenzsicherung jeweils für acht Stunden vor-und nachmittags sowie in den unendlichen Nächten im Abschnitt zwischen Brandenburger Tor und Sonnenallee all die Buben, die ihm zugesetzt und sein Selbstbewusstsein zerstört haben. Er tut es in vorderster Front zwischen den zwei mächtigen politischen Weltsystemen.

Ein Mythos, dessen mörderische Schwachsinnigkeit sich all jenen Mauerstück für Mauerstück erschließt, die dort tatsächlich hautnah stehen, sitzen, laufen. Von Mai bis April muss ich zweihundertachtmal an den „Kanten". Ein halbes Jahr lang als Posten, ein halbes Jahr lang als Postenführer. Schicht für Schicht werden jeweils zwei Grenzer vergattert. Möglichst fremd sollen sie sich sein, doch immer wieder kommt es dazu, dass sich Paarungen wiederholen, dass man sich kennt. Hier steigt die Gefahr für die Verantwortlichen, dass sich innerhalb langer Stunden Gedanken ergeben, gemeinsam dem Osten den Rücken zu kehren. Und auch das kommt vor. Doch zumeist wird geredet und geraucht. Mädchen und Fußball sind die Hauptthemen. Bei Fußball kann ich gut mithalten, bei Mädchen muss ich den erstaunlichen Heldentaten meiner Gesprächspartner lauschen. Dem Soldaten Rogowski gelingt ein stundenwährender Monolog über seinen letzten Heimaturlaub irgendwo bei Ducherow im Mecklenburgischen, der schließlich mit den mir unvergessenen Worten endet: „Und dann hab ich ihr einen verbraten!“ Dabei schüttelt er träumerisch und zeitlupenartig den Kopf so begeistert, dass der Schönheit von Ducherow beide Ohren klingen müssen. Und da Soldat Rogowski von Fußball keine Ahnung hat, wächst meine Vermutung, dass diese Geschichte zu den Schätzen der Erzählkunst in der dritten Kompanie gerechnet werden muss. Einige Details des Monologs deuten allerdings darauf hin, dass das Werk möglicherweise in langen einsamen Nächten nur erdacht und ausgebaut worden ist – fernab jeglicher Realität.

Insofern ist meine Realität, was die Mädchen angeht, wohl keinesfalls martialisch, so aber doch recht bunt. Und damit meine ich weniger die frühe Ehe mit meiner Cousine in der Vorschulzeit, die angestrebte Hochzeit mit Erika Peetz oder die erregenden Begegnungen mit den Giselas, sondern zaghafte, unbeholfene Versuche in einer sich mir mühsam öffnenden Welt, das, was ich unter Liebe verstehe, zu geben. Ich behalte sie in Erinnerung als einen der Unerfahrenheit geschuldeten Teil meines Lebens, dessen Ereignisse meine Seele beschenkt haben und mich noch heute lächeln lassen.

In Stralsund wartet Dagmar, mit der ich mich beim letzten Heimaturlaub vor der Entlassung getroffen habe. Sie ist die hübsche jüngere Schwester meiner attraktiven Klassenkameradin Margot, die wir nach einem Hit der Rolling Stones „Lady Jane“ nennen. Lady Jane wird von den Fachlehrern gern zur Leistungskontrolle an die Tafel gerufen. Sie trägt Hot Pants oder Miniröcke, und so genießen Lehrer und Mitschüler den Blick auf ihre fantastischen Beine und die neidvollen Gesichter der anderen Mädchen unserer Klasse. Wenn ich zur Tafel gerufen werde, bemängelt Astronomie-Lehrer Tippelt: „Sie müssen mal wieder zum Friseur. Das kräuselt sich schon da hinten.“ Und Herr Ihlenfeldt, der uns mit Chemie quält und der mich mag, weil ich an der Wandzeitung stets interessante Berichte unserer sportlichen Aktivitäten anhefte, die er mit Vergnügen liest, sagt zu mir: „Du kannst es, Selke!“, wenn er meine Leistung zum linksdrehenden Kohlenstoffatom bei der mich nicht interessierenden Fleischmilchsäure prüfen will. Ich verweigere den Gang zur Tafel: „Ich kann es nicht, Herr Ihlenfeldt.“ „Du kannst es.“ „Nein.“ „Doch!“ Ich gehe zur Tafel und beschreibe irgendetwas. Nach einer Pause sagt der Wandzeitungsfan: „Setz dich hin. Du kannst es wirklich nicht.“ Es gibt ein „Ungenügend“, aber bis zum Abitur triezt er mich auf eine Drei.

Also Dagmar, die wir alle „Daggi“ nennen, wartet auf mich. Wir sind verabredet – übermorgen ist Sonnabend, da ist Jugendtanz im „Schuppen“. So nennen alle jenen Ort ausgelassenen Tanzvergnügens, der von FDJ-Ordnungsgruppen geschützt wird. Das sind zumeist dümmliche Schläger, die nun mit staatlicher Genehmigung jeden verprügeln dürfen, den sie nicht mögen. Rainer Schöning ist auch dabei. Im Blauhemd.

Ich werde an diesem Abend von Daggi enttäuscht. Nicht nur von ihr. Als ich etwa eine halbe Stunde später und somit nach den ersten Tänzen den „Schuppen“ erreiche, kommen mir Daggi und mein bester Schulfreund Bassi, der eigentlich Dieter Baresel heißt, Arm in Arm entgegen. Auch er war an der Grenze, allerdings in Schönberg, bei Grevesmühlen. Auch dieser Dieter spricht langsam, als er, schwer von einigen Bieren und Kornbränden gezeichnet, sagt: „Harald, sei uns nicht böse. Aber Daggi und ich bleiben jetzt für immer zusammen.“

Natürlich bin ich erschüttert und verlasse wortlos das Schuppengelände. Meine zwei zu dieser Zeit besten Freunde bleiben die nächsten Tage tatsächlich zusammen. Jedoch Dieter heiratet später seine Karin, wird Bauingenieur und reist durch die Lande, um Kindergärten zu errichten. Er verdient gut, gewinnt im Telelotto Vierundsechzigtausend Mark, kauft sich einen Lada, baut sein eigenes Haus in der Nähe Schwerins und verstirbt kurz nach dessen Fertigstellung viel zu früh.

Das alles kann ich noch nicht wissen, während ich vom Zug aus bereits die großen Kirchen meiner Heimatstadt erkenne.

Jetzt fahre ich der Zukunft entgegen. Bis zum Beginn des Studiums helfe ich als Pförtner am Stralsunder Theater aus. Dort begegne ich bald meiner wirklich ersten großen Liebe. Es ist Ute, eine schwarzgelockte junge Frau aus Cottbus, die als Tänzerin ihr erstes Engagement am Strelasund erhalten hat. In ihrer Heimatstadt arbeitet sie nebenbei als Fotomodell, Betrachter der Fotos beschreiben sie als „Madonna“. Und so wird es mir bis zum heutigen Tag unbegreiflich sein, wie sich ausgerechnet das schönste Mädchen der Welt in mich verlieben kann.

Ihrem Papa ergeht es mir ähnlich, als er meiner erstmals ansichtig wird. Er ist mittlerweile ein bestechend gut aussehender Kunstflieger und hat die Lizenz, als einziger Pilot der vormilitärischen „Gesellschaft für Sport und Technik“ mit einer Propellermaschine unter dem Blauen Wunder, der berühmtesten Brücke Dresdens, hindurchzufliegen. Utes Mutter hingegen hat mich gern, obwohl sie bei unserer ersten Begegnung einen mittelschweren Schock erleidet. Am Tag zuvor spiele ich in einer Betriebsmannschaft Fußball.

Als der Ball hoch in den Strafraum fliegt und ich zum Kopfstoß ansetze, schlägt mir der gegnerische Torhüter beide Fäuste ins Gesicht und bricht mir die Nase. Eine ärztliche Behandlung lehne ich ab, auch Mama und Papa können mich nicht überzeugen, denn ich habe Ute am nächsten Tag meinen Besuch in Cottbus versprochen. Das Gesicht ist grün, blau und verschwollen als ich in der Georg-Dix-Straße klingle.

Doch man lässt mich ein.

In Stralsund zieht Ute aus der Pension Cyrus zu mir ins kleine Zimmer mit der Holztreppe auf den Knieperdamm, wo man das wunderschöne, liebenswerte Mädchen mit offenen Armen begrüßt. Oma Anna leiht ihr sogar die sonst nur von ihr genutzte Singer-Nähmaschine aus.

Wir bleiben diesen Sommer 1972 zusammen. Sie tingelt in den Theaterferien mit ihrer Freundin Vera durch die Diskotheken der Ostseebäder, wo sie kleine Tanzeinlagen präsentieren, die in mir erstmals das Gefühl der Eifersucht aufkommen lassen. Ich übe vor allem nachts meine gut bezahlten Pförtnerdienste aus, dort besucht sie mich, sodass wir gemeinsam die Kontrollgänge durch das Theaterhaus unternehmen und auf den Chaiselongues im Foyer während der langen Stunden vorsichtig liebevolle Pausen einlegen. Wir fahren mit dem Dampfer nach Hiddensee, wir besuchen die schönen Orte Rügens mit Bus und Bahn. Ich bin zwanzig und unfassbar glücklich. Für mich sind jeder Tag, jede Nacht mit Ute ein genussvoller Rausch, den ich so noch nie gekannt habe. Ich verkünde ihr in der gut besuchten Theaterkantine ohne Vorwarnung meinen Entschluss, dass wir uns Ende des Jahres verloben und 1974 dann heiraten werden, während hochkarätige Schauspiel-Kollegen das einzigartige Mädchen mit neidvollen Blicken verzehren. Ute nimmt mein peinliches Ansinnen lächelnd hin. Dann erhält sie das ersehnte Engagement am Theater Cottbus, kehrt im Herbst in ihre Heimat zurück, während ich im fernen Rostock am 1. September mein Studium beginne. Wir sehen uns seltener. Kommen zunächst noch täglich zwei, drei liebevolle Briefe, die ich – um persönliche Aufwertung bemüht – mit einer Fülle linguistischer Fachbegriffe beantworte, so reduziert sich unser Kontakt in den folgenden für jeden von uns ausgefüllten Tagen und Wochen fast schlagartig auf ein Minimum. Bei der letzten Begegnung, die uns Jahre später im Februar 2002 ins Theater des Westens zur Aufführung des Musicals „Chicago" führt, sagt sie mir – schon sichtbar von der tödlichen Krankheit geschwächt – , dass sie mich damals einfach nicht mehr verstanden hätte. Wie sollte sie – ich habe mich ja selbst nicht verstanden.

Ich ahne das Ende in diesem grauen Herbst dreißig Jahre zuvor. Am 11.11. sagt sie mir bei meinem letzten von wenigen Besuchen in Cottbus folgerichtig, dass sie sich von mir trennen möchte. Wir sind uns fremd geworden. Ich solle noch die

Nacht bleiben, sie verschließt aus Angst, ich könnte mir etwas antun, die Tür ihres kleinen Zimmers. Ich öffne das Fenster, springe aus dem ersten Stock des Plattenbaus und lande unverletzt auf dem unbepflanzten weichen Rasen des Vorgartens. Ich gehe langsam zum Bahnhof, schaue mich immer wieder um. Es ist Nacht, es ist stürmisch. Ich warte naiv wie ein Kind auf ihr Rufen, auf ihre Schritte, mit denen sie mich einholt. Doch die erste und schönste Frau meines Lebens bleibt zu Hause.

Und doch werden wir uns immer wieder begegnen. Sommer für Sommer kommt sie zunächst mit einem Freund, später allein, dann mit ihrem zukünftigen Ehemann an die See, die sie so sehr liebt. Wir besuchen uns – ich sie in Cottbus, sie mich in Stralsund. Mit meiner Mutter kehrt sie in die Stralsunder Nachtbar „Trocadero“ ein, sodass Mama noch Jahre später von einem tollen Abend schwärmt. Später in unserer gemeinsamen neuen Heimat Berlin-Hellersdorf leben wir mit unseren Familien in guter Plattenbau-Nachbarschaft und sehen unsere wundervollen Kinder heranwachsen. Eine so ganz eigene Geschichte.

Und auch die kann ich nach 20 Jahren im ersten Abschnitt meines Lebens nicht ahnen oder gar planen, während der Zug die Stadt an der Ostsee erreicht. Alles wird sich ergeben und fügen. Noch sind weder die Wirren des Studiums, das mich auf einer Theaterbühne landen lässt, noch ist kein Radiosender in Sicht, der sich für mich interessieren könnte, noch hat sich keine Frau gefunden, die ein Leben mit mir und unseren Kindern verbringen möchte. Keiner hat alles, keiner hat nichts.

Ich verlasse jetzt die Frontstadt Berlin und steige auf Bahnsteig drei aus, atme die unvergleichliche Stralsunder Meeresluft tief ein und eile Mama und Papa entgegen, genau dort, wo auch vor fast 20 Jahren der Zug aus Berlin hält und wir zu dritt nach Hause zum Knieperdamm gegangen sind.

Der Autor

Harald Selke ist seit 1979 als Redakteur, Autor und Moderator im Radio sowohl für den öffentlich-rechtlichen als auch privaten Hörfunk tätig. 1952 in Stralsund geboren, studierte er nach dem Abitur an der Universität Rostock Germanistik und Geschichte, erwarb das Diplom und begann nach einer dreijährigen Zwischenstation als Theater-Schauspieler 1979 seine Radiolaufbahn in der DDR unter anderem als Autor der Sendungen „Spaß am Spaß" und „Musik und Stuss zum Wochenschluss". In der Wendezeit und schließlich im vereinten Deutschland präsentierte er ab 1992 unter vielem anderen mit Andreas Kampa bei Antenne Brandenburg die Satiresendung „Fifty-Fifty" sowie beim MDR in Dresden die legendären „U(h)rsprünge". Seit 2002 stand er anderthalb Jahrzehnte mit musikhistorischen „Kalenderblättern" an der Wiege des ersten digitalen Radio-Senders MDR Klassik. Seit 2016 lebt er in Potsdam, wo er dem kreativen Spagat zwischen Unterhaltungsradio (Radio Paloma) und hehrer Klassik (Klassik1) treu bleibt.